KB108090

발칙한
꿈해몽

속이 뻥~ 뚫리는 꿈의 해석,
꿈의 흐름을 알면
내 인생의 미래도 알까?

예지몽인 듯 아닌 듯 썸 타는 꿈 이야기

발칙한
꿈해몽

조선우 지음

책읽는귀족

꿈으로의 초대

지난 해 이맘때쯤 오스트레일리아 심리학자인 테레즈 더켓의
『꿈은 말한다(Dreams Speak)』라는 외서를 기획해서 출판을 했다.
그 과정에서 꿈에 대해 일반 사람들이 의외로 잘 모르고 있다는
걸 깨달았다. 그래서 꿈에 대한 가치를 알리고 꿈 정보를 좀 더
공유하는 방법은 없을까 생각했다. 결국 올해 초 '책읽는귀족'의
홈페이지이기도 한 네이버 카페에 '꿈은 말한다' 게시판을 마련
했다. 그 공간을 통해 꿈에 대해 관심이 있는 사람들이 모이고,
꿈 이야기를 함께 나누었다.

　비록 전문적이거나 학술적이진 않지만 꿈의 의미나 가치와 꿈
해몽 등에 대해 소통이 시작되었다. 20여 년 동안 주변사람들의

꿈을 해몽해준 경험과 꿈의 관찰과 여러 정보를 바탕으로 꿈에 관한 이야기를 일 년여 동안 이어갔다. '그 이야기들이 책으로 엮어진다면 훨씬 많은 사람들이 꿈에 대해 관심이 생기지 않을까'라는 생각에 이 책을 기획하고 집필하게 되었다.

단언컨대 어디에서고 들어본 적이 없는 재미나고 신기한 이야기들도 많다. 기대해도 좋다. 예를 들면 신비롭기까지 한 예지몽 같은 이야기 말이다. 또 '꿈은 말한다' 게시판에는 주로 헤어진 남자친구, 여자친구, 미래에 대한 고민, 가까운 사람과의 이별 등의 문제들이 꿈의 재료로 많이 올라왔다. 그래서 이 책에는 우리가 자주 꿈을 꾸고 해몽에 갈급한 소재 중심으로 싣기로 했다.

과연 꿈은 우리에게 무엇을 말해주며, 이 시대를 살아가는 사람들은 어떤 고민들을 무의식 속에서 하며, 우리는 무엇을 생각하며 살고 있는지도 탐색해볼 수 있을 것이다.

길몽인지 흉몽인지, 그 탐색의 길에서

이처럼 이 책은 하나의 실험적 의미로 기획되었다. 꿈이 정말 우리에게 중요하다는 것, 단순히 '개꿈'이라고 치부해버리기엔 정말 많은 의미를 품고 있다는 사실을 알리기 위해서다. 이 책에는 최근의 풍부한 실제 사례의 꿈들이 많이 실려 있다. 그 꿈과 해석을 따라가다 보면 '소크라테스의 문답법'처럼 질문과 대답

속에서 자신의 꿈을 해석해 나가는 방법을 터득할 수 있다.

우리는 아직까진 꿈을 백 퍼센트 정확하게 해석해낼 수는 없다. 하지만 꿈이 말해주는 방향성을 찾아낼 수는 있다. 길몽인지, 흉몽인지 정도만 예측하는 것으로도 꽤 큰 수확이다. 꿈이 우리에게 무엇을 말하는지 대략적인 방향은 잡을 수 있다는 것이다. 우리는 그 꿈의 목소리를 따라 더 명확하고 빠른 답을 얻기 위해 연습을 계속할 뿐이다.

꿈해몽은 객관식 시험의 답처럼 정답이 있는 건 아니다. 하지만 꿈에 대한 이러한 탐험은 꿈의 실체에 다가가는 통로이다. 나는 단지 보통 사람들보다는 조금 더 꿈의 길에 많은 관심을 기울여왔다. 그 내공을 바탕으로 처음 꿈에 눈뜨는 사람들의 눈높이에 맞게 안내할 뿐이다. 더 엄밀하게 말하자면 안내자이기보다 함께 꿈을 탐색하며 알아가는 동반자이다.

많은 사람들이 자신의 꿈에 더 관심을 갖고, 꿈의 언어에 마음의 문을 열도록 하는데 이 책의 목적은 있다. 늘 강조하지만, 상대적으로 가장 정확한 꿈의 해석자는 본인 스스로이다. 자기 꿈은 자신이 제일 잘 해석해낼 수 있다. 단지 초행길엔 가이드가 필요할 뿐이다. 나는 그 가이드를 위해서 새로운 개념의 실험을 해보고자 이 책을 썼다.

'실험'이나 '새로운 시도'는 항상 조금은 낯설지 모르지만, 그래도 '처음'이라는 공기는 신선할 것이다. 창조적이고도 발칙한 꿈의 해석에 잠시라도 동행해보고 싶다면 이 꿈으로의 탐험에 여러분을 초대한다.

끝으로 생생한 꿈의 사례를 이 책에 싣도록 허락해주신 모든 분들에게 감사드린다. 그리고 개인 정보 보호의 차원에서 실명은 싣지 않고, 아이디도 일부 생략하거나 바꿔서 사용한 점을 밝힌다.

2014년 12월

一山 白石에서

조선우

PART 1

'꿈'이라 쓰고
'직관'이라 읽는다

"매일 아침 나는 잠에서 깨어

직관이 내 안에서 창조해내는 것들에 대해

감탄하곤 한다.

마치 바닷물에 밀려온 선물인 양

그 창조물들은 언제나 나를 들뜨게 한다.

나는 직관과 함께 일하고, 직관을 확신한다.

직관은 나의 동반자다."

— 조너스 소크

1

꿈과 소통하다

　지금은 혼돈의 시대이다. 우리 주변의 모든 것은 너무나 빠르게 변화하고 있다. 자고 일어나면 전 세계의 사건과 사고들이 우리의 눈과 귀를 어지럽힌다. 무엇이 옳고 그른지 혼돈스럽다. 그러나 시대가 아무리 혼란스럽고 많은 일들이 일어나도 결국 출발점으로 돌아가 본다면 의외로 상황은 쉽게 정리가 된다.

　그렇다면 우리에게 출발점은 어디인가. 그건 바로 '나 자신'이다. 자기 자신의 정체성에 대한 탐구를 정립한다면 우리 주변의 혼돈쯤은 한번에 정리가 될 수 있다. 아무리 세상이 복잡해지더라도 우리 자신의 원점이 제대로 세팅되어 있다면 이리저리 헤매지 않고도 올바른 잣대를 가질 수 있다.

　그 잣대를 나는 우리 안에 존재하는 무의식 속의 또 다른 자아에서 출발해보려고 한다. 매일 밤 우리는 꿈속에서 숨겨진 자신의 생각을 만난다. 그 과정을 탐색해봄으로써 자기 자신의 정체성에 다가가는 통로로 삼을 수 있다.

『꿈은 말한다』의 저자 테레즈 더켓에 의하면 "급속안구운동(Rapid Eye Movement : REM)에 대한 폭넓은 연구를 통해 사람은 모두 꿈을 꾼다는 사실도 밝혀졌다"고 한다. 그리고 "꿈은 대부분 이 렘수면 상태"에서 나타나고, "잠을 자는 동안에 렘수면은 약 90분을 차지한다"고 말했다. 또한 "렘수면을 취하지 못하면 감정적으로 스트레스를 받고 정신병을 얻거나 환영을 볼 수 있다는 연구결과도 있다"고 밝혔다. 이때 '렘수면'이란 수면의 다섯 단계 중 하나라고 한다.

이처럼 사람들은 매일 밤 꿈을 꾸지만 그 꿈과 소통하는 법을 어느새 잊어가고 있다. 인생에서 '쉼의 여백'이 필요하지만 무한 경쟁의 '현실 세계' 속에선 우리가 쉴 곳은 없는 듯하다. 하루하루를 바쁘게 살아가더라도 인생에서 가끔은 '나는 누구인가'라는 질문으로 자신의 정체성에 대한 탐구를 시작해 보는 건 어떨까.

우리는 너무 바쁜 일상 속에서 자신의 참모습을 잊은 채 평생에 걸쳐 주어진 시간을 모래성처럼 흘려보내고 있다. 예로부터 동양에서 '소우주'라고 불리는 자기 자신이나 우리를 감싸고 있는 이 대우주에 대해 한번도 생각해보지 않고 살아간다. 그러면서 자신에게 주어진 인생이라는 '시간'이 모래시계의 모래처럼 다 빠져나가버린 것을 마지막 순간에 목도하게 된다.

성공하는 삶의 기준은 무엇일까. 그건 사회적으로 출세를 하는 기준도 있겠지만 우선 자신이 누구인지 알고 가는 삶이 인생에서 진정한 성공이 아닐까 생각한다. 자기 자신을 정확하게 알아야 사회적 성공도 더 탄탄한 결실을 맺을 수 있다.

우리는 사회적으로 출세한 사람들이 정상에 서 있을 때도 잠시의 좌절로 자살을 하는 경우를 매스컴에서 접할 때가 있다. 그런 사람들의 불행한 선택은 자신의 정체성을 정확하게 아는 시도부터 하지 않고 오로지 사회적 출세만을 위한 성공의 길을 달려갔기 때문이 아닐까.

누구나 특별한 존재임을 확인시켜주는 '꿈의 세계'

인간은 누구나 자기가 특별한 존재라고 생각한다. 그리고 자신이 특별한 능력을 가졌을 수도 있다는 가능성을 항상 열어두고 있다. 자기 자신의 능력을 정확히 아는 것이 철학적으로는 자신의 존재의 의미를 파악할 수 있고, 또 미래를 계획하고 설계하는 데도 도움이 될 것이다.

나는 우리가 매일 밤 꾸는 꿈이 그 통로라고 생각한다. 꿈을 통해 우리는 진정한 자기 모습에 가까이 다가갈 수 있다. 꿈은 자신이 진짜 무엇을 원하고, 무엇을 향해 가고 있는지 알 수 있는 척도이다. 자신의 무의식을 들여다보고 현실 세계에서는 감추고 있던 자신의 진정한 민얼굴을 볼 수 있다.

또한 꿈은 우리에게 잠재되어 있는 창의적 사고의 가능성을 열어준다. 꿈의 세계는 현재와 앞으로의 시대에 꼭 필요한 상상력의 블루오션이다. 『제3의 물결』을 썼던 미래학자 앨빈 토플러는 『권력 이동』에서 "우리 생애의 가장 중요한 경제적 발전은, 근육노동이 아닌 정신에 기초해 부를 창출하는 새로운 체제가 등장했다는 데 있다"라고 말하고 있다.

인류의 역사 중 농경 시대와 산업화 시대를 거쳐 이제 육체적 노동의 시대는 가고 정신적 노동의 시대가 열렸다. 산업화 시대의 절대적 규범이었던 '표준화, 전문화, 동시화, 집중화, 극대화'도 이젠 낡은 시대의 유물로 역사 속으로 사라져갈 위기에 놓여 있다.

앞으로의 세상에 필요한 것은 창의적인 사고라는 지적 능력의 지렛대이다. 바로 그 창의성이 의식보다는 무의식의 영역인 꿈속에 풍부하게 존재하는 것은 아닐까. '창의성의 우물'을 우리는 꿈속에 간직하고 있다. 앞으로 우리에게 새롭게 펼쳐질 패러다임은 두뇌노동과 지식노동의 부가가치의 창출에 있다. 따라서 꿈의 정체를 알아가는 노력은 산업화 시대를 넘어 정신적 시대를 살아가는 우리에게 반드시 필요한 일이다.

2

꿈은 직관을 잉태한다

직관력은 사전적 의미를 찾아보면 '판단이나 추리 따위의 사유 작용을 거치지 아니하고 대상을 직접적으로 파악할 수 있는 능력'이라고 되어 있다. 우리는 '직관'이라고 하면 아주 특별한 사람의 독특한 능력이라고 생각한다. 하지만 직관력은 우리가 키워나가야 할 영역이다.

"직관이 뭔데, 이걸 앞으로 우리가 꼭 가져야 하지?"라고 말하면서 감이 잘 안 온다면 쉽게 말해보자. 직관은 다른 말로 '촉'이다. 또 방금 말한 '감(感)'이다. '감 떨어진다'는 중의적인 우스개도 있지 않는가. 또 육감(六感)이라는 말도 있다. 모두 다 비슷한 맥락의 말이다. 〈식스 센스(Sixth Sense)〉라는 영화를 떠올리면 좀 더 와 닿지 않을까. 그렇다고 귀신을 보는 능력이라는 말은 아니다. 인간이 합리적으로 판단할 수 있는 영역 너머의 어떤 능력을 말한다고 볼 수 있다.

침단과학을 달리고 있는 이 시대에 무슨 소리인가 싶을 것이다. 하지만 정보가 무제한적으로 넘쳐나고 있는 이 빅 데이터의 시대에 역설적으로 필요한 건 직관력이라는 주장도 있다. 합리적인 정보와 판단도 필요하지만 그에 못지않게 우리가 이 무한 경쟁 시대에 살아남기 위해서 직관력은 다른 사람들과의 차별성이다. 플러스알파의 능력인 셈이다.

이 직관력을 키우는 방법으로 참 좋은 것은 아침에 일어나자마자 꿈일지를 작성하는 것이다. 우리는 꿈을 통해 미래를 알 수도 있고, 무엇보다 우리 자신의 본심을 알 수 있다. 그러나 꿈일지를 적어놓지 않으면 간밤에 꾸었던 꿈들이 시간이 지나면서 다 날아가 버린다. 그 아까운 꿈의 자료를 모아서 자기 자신의 무의식을 탐색하는 자료로 활용하는 것이 필요하다. 꿈은 직관을 잉태한다. 꿈일지를 통한 꿈해석은 자신의 직관을 나날이 발전시킬 것이다. 이 책을 통해 꿈의 세계가 어떤 식으로 우리의 직관력을 잉태하고 자라게 하는지 차차 더 알게 될 것이다. 여기서는 그뿐만 아니라 직관력을 향상시키는 구체적 다른 방법에 대해서도 더 알아보자.

그런데 직관력을 점쟁이의 예지력과 오인하면 안 된다. 점쟁이는 미래를 투시하는 것이라고 말하지만 직관력은 우리 안에 존재하는 제6의 감각을 깨우는 것이다. 그 감각이 계속 깨어나 있는 공간이 꿈의 영역이라고 할 수 있다. 그래서 꿈의 세계는 그 자체가 직관이 살아 숨 쉬고 있는 곳이다.

그렇다면 깨어 있을 때 직관력을 향상시키는 방법은 뭐가 있을까. 믿거나 말거나 한번 들어보기 바란다. 일단 우리 주변을 흐르고 있는 기(氣)의 흐름을 감지하는 것이다. 인간이나 사물이나 이 우주의 전체적인 흐름은 에너지로 이루어져 있기 때문에 물길의 흐름을 알아내듯 에너지의 방향성을 알아차리는 것이다.

직관을 키우는 구체적인 방법

직관력을 강화시키는 구체적인 방법에 대해 계속해서 이야기해 보겠다. 이 방법을 연습하기 전에 앞에서도 잠시 말했지만 일단 직관력을 키우려면 자신의 직관을 믿어야 하는 것이 먼저다. 그렇지 않다면 이 연습도 의미 없는 일이다.

아침에 잠에서 깼을 때 오늘 무슨 일이 일어날지 느껴 보라. 정확하게 어떤 일이 일어날지는 알 수 없지만 오늘의 전체적인 흐름이 좋은 일이 일어날 지, 잘 풀리지 않는 날이 될지 그 긍정이나 부정의 에너지 흐름을 알아차리는 연습이다.

처음에는 오늘 도대체 무슨 일이 일어날지 전혀 알 수 없을지도 모른다. 그리고 괜히 불안해질 수도 있고, 아니면 좋은 일이 일어날 거라는 자기 암시를 걸 수도 있다. 우리는 맞고 틀리는 것보다 직관력을 키우는 게 원래의 목표이기 때문에 처음부터 잘해낼 것이라고 기대하지는 말자.

하지만 계속적으로 반복하다 보면 어떤 일이 구체적으로 일어날지는 몰라도 그날의 전체적인 흐름이 좋은 기운으로 흘러갈지, 아니면 좀 안 풀리는 날이 될지는 감지할 수 있게 된다.

직관력을 깨우는 방법은 그날의 기운을 우선 느껴봐야 한다는 것이다. 깨어나서 한참동안 이것저것 다른 일을 하다가 떠올리면 직관이 제대로 발휘될 수가 없다. 처음 일어나자마자 잠에서 깨어나서 정신을 순간적으로 집중하고 오늘의 기운을 떠올려보라.

이때 주의할 점은 직관은 '생각하는 것이 아니다'라는 것이다. '순간적으로 떠오르는 것'이 직관이다. 그 순간적인 느낌을 잘 포착해야 한다. 마치 바람이 부는 언덕에 올라서서 눈을 감은 채 양팔을 벌리고 바람의 방향을 감각으로 느끼는 것처럼 말이다. 우리는 잠에서 깨자마자 우리의 정신을 양팔 벌리듯 그날의 기운의 흐름에 잠시 맡겨야 한다. 그러면 좋은 기운이 부는지, 좀 어두운 기운이 오는지 느낄 수 있을 것이다. 그 순간을 잘 잡아내는 연습을 하는 게 직관력을 키우는 좋은 방법 중 하나이다.

또 하나의 연습 방법은 전화벨이 울릴 때 전화를 받기 전에 우선 전화를 건 사람이 누구일지 잠시 집중해서 떠올려보는 것도 좋은 방법이다. 이런 식으로 잠시 집중해서 누군지 예측해보는 방식으로 전화를 받는 걸 생활화하면 직관력이 향상된다. 물론 휴대폰 말고 연락처를 저장해놓지 않은 집 전화일 때 가능한 일이다. 휴대폰일 경우는 벨이 울릴 때 화면을 보지 않은 채 순간 누구인지 집중하라. 이때도 정신을 순간적으로 집중하는 것이 핵심이다. 이렇게 하면 우리 뇌의 앞부분에 있는 전두엽 쪽에 이미지가 떠오른다.

나는 이런 연습을 통해 십 분 정도 앞의 일까지 예측할 수 있는 사람을 알게 되었다. 전화를 건 상대가 누군지 아는 건 몇 십 초 뒤의 일이다. 이런 연습을 계속하면 몇 십초가 일 분으로 늘어나고, 일 분이 점점 길어져 삼 분이 되고, 삼 분이 오 분이 되고, 오 분이 십 분이 되고, 점점 예측할 수 있는 미래의 기간이 길어진다.

이 기간은 점차적으로 늘어나는 게 아니라 점프하듯이 갑자기 크게 늘어날 수도 있다. 직관은 그 특성을 닮아 성장하는 기간도 단계별로 정해진 순서와 시간으로 늘어나지 않는다. 직관의 속성을 닮아 규칙적이지 않는 것이 특징이다.

그리고 이 직관의 성장 속도는 개인에 따라 달라진다. 얼마나 자신의 직관을 믿느냐의 정도와 얼마나 순간적으로 집중을 하느냐, 그리고 얼마나 자주 연습을 하느냐에 따라 성장 폭이 개인차가 생기는 것이다. 자주 연습을 한다는 건 직관의 영역에 많이 머무른다는 의미이므로, 직관의 세계에 익숙해진다는 뜻이기도 하다.

직관과 현실 사이의 장벽 무너뜨리기

우리는 생활 속에서 이 밖에도 엘리베이터를 탈 때나, 물건을 살 때 이걸 고를까, 저걸 고를까 하는 사소한 선택의 순간에도 직관의 힘을 빌려 보자. 이러한 연습을 자주 하다 보면 좀 더 빨리 직관의 세계에 안착할 수 있다. 그러면 십 분 뒤에 일어날 일 정도는 가끔씩 예측할 수 있다.

심지어는 나의 지인은 이 연습을 통해 자기 등 뒤에서 이름을 부르는 걸 미리 삼 분 안에 예측할 수 있게 되었다. 매번 알아차리는 경지에는 도달하지 못했지만 무슨 일이 일어날지 때때로 그 상대방의 이미지가 눈앞에 떠오른다는 것이다. 그래서 이 사람은 순간적으로 떠오른 이미지에 따라 행동해서 일을 수월하게 처리한 경우가 많다고 한다.

예를 들어 집을 나서면서 오늘 누군가를 우연히 만날 것이 순간적으로 떠올랐다는 것이다. 그래서 오랫동안 연락을 안 하고 지냈던 그 사람을 만났을 때 겸연쩍은 순간을 피하기 위해 무작정 그 직관에 따라 안부 문자를 보냈다. 그런데 그날 정말로 한시간 안에 그 사람을 우연히 만났다는 것이다. 다행히 먼저 보낸 안부 문자 덕분에 어색함 없이 반갑게 소식을 전했다는 이야기다.

이처럼 직관의 세계는 꼭 특별한 사람만의 고유한 영역이 아니다. 보통 사람들도 자신의 직관을 신뢰하고 평소에 친하게 지낸다면 삶이 보다 풍요로워질 것이다. 꿈일지를 통해서나 생활 속 연습을 통해서 직관력을 많이 훈련해 보라. 직관이 활용되는 현실 세계는 다양하다. 그러니 직관과 현실 사이에 높고 두터운 담을 쌓아놓을 필요가 어디 있는가. 직관은 현실의 이성적 사고 못지않게 우리 자신의 일부분이라는 사실을 꼭 기억하기를. 현실 세계 속에서 성공하는 데에도 큰 도움을 줄 것이다.

3

고깔모자 요정 꿈

내가 꿈에 대해 관심을 가지게 된 계기가 된 꿈 이야기를 하고자 한다. 나는 초등학교 들어가기 전 여섯 살인가, 일곱 살 무렵 아주 이상한 꿈을 매일이다시피 꾸었다. 너무 이상해서 나는 아직도 그 꿈을 아주 조금 기억하고 있다. 한 장면은 거의 확실하게 기억한다.

그런데 혹자는 여섯 살이나 일곱 살 때 꾼 꿈을 어떻게 아직도 기억할 수 있느냐고 의아해할 수 있겠다. 하지만 몇 달 내내 자주 비슷한 꿈을 꾸었고, 너무 이상한 느낌의 꿈이라 의도적으로 기억하려고 노력했던 것이 아직도 그 꿈의 한 조각을 생생하게 기억하는 비결이 아닐까.

나는 초등학교 들어가기 전에 한글을 다 읽을 수 있었고, 그것도 거의 혼자 깨쳐서 깨알 같은 글씨의 50권짜리 계몽사 전집도 읽기 시작할 무렵이었다. 그래서 꿈에 대해 더 관심을 갖게 된

깃인지도 모른다. 왜냐하면 동화를 읽으면서 상상력이 더 커졌기 때문에 마치 한 편의 동화 같기도 한 꿈에 대해 관심이 생긴 것은 어쩌면 당연한 일 아닐까. 지금 생각해 보면 그 당시는 동화를 실제로 믿어버리는 경향도 좀 있었으니까 특별한 꿈은 동화처럼 내겐 큰 의미로 다가온 것이 아니었을까.

나는 그 무렵 꿈속에서 골목길 비슷한 곳에서 놀고 있었다. 우리집 앞에 실제로 있던 골목길은 아니었던 것 같다. 그냥 시멘트로 만든 골목길 같았는데 사선으로 기울어진 길이었다. 그러니까 오르막이었다. 반대로 보면 내리막이라고 할 수도 있겠다. 생각해 보니까 내가 서 있던 지점에서 점점 올라가고 있는 각도였으니 오르막이 정확하겠다.

그 길 가운데에는 긴 꼬깔모자 같은 걸 쓴 누군가가 있었다. 자세히 보니 얼굴은 노인인데 아주 키가 작은 요정 같은 사람이 뭐라고 중얼거렸다. 무슨 말을 하긴 하는데 내가 알아들을 수 없는 말을 중얼중얼하면서 뭔가 둥근 물체를 굴리는 것이었다. 더 자세한 것은 기억나지 않는다. 그러나 그 물체를 굴리는 장면과 그 사람의 모습은 어렴풋이 아직도 기억난다.

고깔모자 요정의 꼬리 잡기

그때는 텔레비전에서 이런 동화를 방영해준 적도 없었다. 그냥 동화책에서 읽었던 내용일까. 하지만 그 꿈은 똑같이 매일,

혹은 격일, 또는 사흘에 한 번씩 계속 반복되었다. 그리고 꿈속에서 기분이 너무 이상한 것이었다. 아주 특별한 공간에 와있는 듯한 그런 기분이었다. 그냥 보통 꿈같은 느낌이 아니라 형언할 수 없는, 마치 이 세상이 아닌 것 같은 아주 오묘한 분위기였다.

나는 한 번도 아니고 몇 번이나 반복해 그 꿈을 꾸었다. 한 달이었는지, 두 달이었는지 정확히는 기억이 안 나는데 꽤 오랫동안 그런 비슷한 꿈을 계속 꾸었다. 그때부터 얼굴은 노인인데 알아들을 수 없는 말을 하던 그 고깔모자를 쓴 요정 같은 인물과 4차원 같은 분위기가 계속 떠올랐다. 꿈속에선 나에게 분명 무슨 메시지를 전하는 것 같았다. 그 메시지를 내가 알아들을 수 있도록 꿈이 반복되어 나타나는 듯했다.

그러나 나는 그 꿈이 아주 특별하다는 느낌은 받았지만, 결국은 그 꿈의 의미를 아직도 확실히 알지 못한다. 어떤 해몽책을 봐도 정확한 건 없었는데, 딱 한번 그 꿈의 실체에 대한 실마리를 잡는 내용을 읽게 되었다. 그게 아마 한창 내가 꿈책이나 심리학 책을 본격적으로 탐독할 무렵인 고등학교 때였을 것이다. 하여튼 그맘때쯤에 읽었던 내용 중에 눈이 번쩍 뜨이는 것이 있었다. 바로 이 요정에 관련한 꿈의 해석이었다.

그게 번역이 된 외국서적이었는데 자세한 건 너무 오래 되어 기억이 나지 않는다. 단지 그 꿈에 나오는 요정이 실제로 다른 사람들 꿈에도 나온다는 것이었다. 아주 드물지만 얼굴은 노인인 고깔모자를 쓴 요정이 뭐라고 주문을 외듯이 하는 그 꿈을 서양의 누군가들도 꾼다는 것이었다.

정확하게 기억이 나지 않지만 약간 신비주의 관점에서 해석을 해놓았던 것 같다. 정말 뭔가 메시지를 전하고 있고, 그 요정의 존재는 실제로 신비한 대상을 상징한다는 것이다. 그 요정은 신령스런 존재이고, 뭔가 중요한 메시지를 전하고 있다는 것, 그 이외에도 중요한 내용이 많이 있었는데, 메모광이 아닌 나의 특성상 기억에만 의존하고 있어 더 이상은 남아 있지 않다.

그런데 어쨌든 난 그때 그 책을 읽고 뭔가 충격을 받았던 것은 확실히 기억난다. 그 꿈속 존재는 정말 신령스런 존재였던 것이다. 그 이후로 꿈에 대해 더 관심을 가졌고, 꿈이 가지는 의미에 대해 더 호기심을 느꼈다. 꿈이 뭔가 분명히 어딘가로, 다른 차원으로 연결되어 있다는 사실에 확신이 생겼다.

하지만 그 생각은 그렇게 많이 발전할 수 없었다. 왜냐하면 관련 서적이 별로 없었기 때문이다. 프로이트와 융은 그런 내용을 주로 말하고 있지 않았다. 관련 해석을 더 찾아볼 수 없었다. 그 당시 내 능력 밖이었다. 이후 나는 철학과 문학에 빠져 들었고 그냥 그렇게 흘려보내고 말았다.

꿈의 진실과 대면하기

그런데 지난해 『꿈은 말한다』를 읽고는 '생명의 나무'라는 말에서 하나의 단서를 떠올렸다. 생명의 나무는 세계적으로 흩어져 있는 신화에서 보편적으로 발견된다고 한다. 인도나 유대교

뿐만 아니라 북유럽 신화에도 자주 등장한다는 것이다. 우주는 이 생명의 나무에 비유돼 묘사된다. 싯다르타가 깨달음을 얻었던 보리수도 이 '생명의 나무'를 상징할 수도 있다.

이 생명의 나무는 하나의 비유이며 상징인데 우주와 연결되어 있다. 꿈의 세계가 바로 은유와 상징의 공간이다. 고대인들이 만들어낸 신화 속 상징에서 우리는 꿈의 단서를 발견해낼 수 있지 않을까. 생명의 나무라는 상징에서 우주로 연결돼 있는 우리 자신의 내면세계를 떠올려 볼 수 있을 것 같다. '우리는 어디에서 왔으며, 어디로 가는가'에 대한 해답의 단서를 어쩌면 꿈의 세계에서 찾을 수 있을지도 모른다.

우리는 이 세상이 전부인 줄 알고 산다. 그러나 무의식은 우리가 다른 차원으로 갈 수 있는 능력이 있다는 걸 꿈으로 암시해준다. 꿈은 그런 역할도 하는 것이다. 인간의 뇌는 그 능력이 우리가 알고 있는 이상의 것일 수 있다. 과학으로 모든 걸 밝히기엔 아직 우리 인간의 의식 능력은 미약하다. 하지만 우리 안에 내재된 무의식의 능력은 그보다는 훨씬 광범위하다. 그것이 무의식의 목소리, 꿈이 말하는 이야기에 귀를 기울여야 하는 이유이다.

꿈은 단지 우리가 알고 있는 그런 단순한 심리적 반영만 이야기해주는 대상이 아닐지도 모른다. 꿈은 우리를 다른 차원으로, 심지어 우주로까지 연결하는 통로일 수 있다. 우리 인간이 뇌의 기능을 모두 연구해서 지식을 정복한다면 꿈의 이런 역할까지 밝혀낼 수 있을까. 아마 생전에는 거기까지 기술이나 지식의 수준이 도달할 수 없을 것이다.

그렇다면 우리는 그냥 이렇게 모른 채 살다가 가야 할까. 아니다. 우리 안에 있는 무의식의 통로, 꿈을 따라가 보면 미리 발견할 수 있을지도 모른다. 비전문가인 개인도 꿈에 대해 관심을 가지면 그게 가능할 수도 있지 않을까. 우리는 한 인간, 한 인간이 하나의 소우주라는 말을 그냥 귓등으로, 비유적으로 흘려들어선 안 될 것이다.

인간 내면에는 우주를 포함하고 있을지도 모른다. 만일 인간의 무의식이 의식도 모르는 우주와의 비밀 통로를 간직하고 있다면? 상상만 해봐도 정말 신기하지 않는가.

어쨌든 꿈이 우주의 통로라는 이야기는 다음 기회에 좀 더 하기로 하자. 꿈에 대해 관심을 가진다면 우리는 이제까지 몰랐던 놀라운 진실과 대면하게 될 수도 있다는 걸 단지 환기시키고 싶을 뿐이다. 『꿈은 말한다』는 바로 이러한 점에서 놀라운 책이다. 그 생각의 단서를 찾는 통로로 『꿈은 말한다』를 활용해보기 바란다.

4

꿈은 무의식의 선물

우리는 왜 꿈을 꾸는가. 그 이유는 여러 가지가 있겠지만, 이 번에는 꿈이 우리의 트라우마를 치유하는 역할에 대해 이야기를 해보겠다.

나는 몇 년 전 아버지의 죽음 이후 처음에는 하루건너 한 번 씩 계속 아버지가 나오시는 꿈을 꾸었다. 그런데 왜 자꾸 아버지 꿈을 꾸는지 알 수 없었다. 죽은 아버지가 나에게 뭔가를 말하려 하는가, 못다 한 이야기가 있는가, 라는 생각이 들 정도였다.

일 년이 지나면서 그 꿈의 횟수는 좀 줄었지만 그래도 계속 아 버지 꿈을 틈틈이 꾸었다. 『꿈은 말한다』를 읽기 전까지는 죽은 아버지 꿈을 꾸고 나면 그날 종일 또는 며칠 동안 괜히 신경이 쓰였다. 내 꿈에 자주 아버지가 나타나는 이유를 잘 알지 못했기 때문이다.

그런데 『꿈은 말한다』를 읽고는 그 해답을 알 수 있었다. 꿈은 무의식 속에서 의식이 치유하지 못한 사건을 해결하기 위해 계속 꿈을 꾼다는 것이다. 우리가 어떤 트라우마를 갖게 되었다면 트라우마를 치유하기까지 그 사건에 대한 꿈을 반복적으로 꾼다고 한다.

『꿈은 말한다』에 따라 내 꿈을 설명해 보면, 나는 아버지의 죽음이라는 엄청난 트라우마를 겪었고, 그 이후 그 트라우마를 해결하기 위해 첫 해 동안은 거의 매일이다시피 꿈을 꾼 것이다. 무의식 속에서 그 트라우마를 치유하기 위해 애썼다는 설명이다. 나의 의식은 인지를 못했지만 무의식은 그 트라우마의 강도를 낮추기 위해, 결국은 모두 해결하기 위해 노력하고 있었던 셈이다.

아버지의 죽음이 있고 첫해에 내가 아버지 꿈을 그렇게 자주 꾸었던 것은 그만큼 트라우마의 강도가 강했기 때문이다. 그렇게 해야 무의식 속의 심리적 상처가 치유될 수 있었던 모양이다. 이처럼 꿈은 우리가 무의식 속에 눌러 놓았던 트라우마를 꺼내서 씻고 치료해주는 역할을 한다.

마치 방 안에 가득 찬 연기를 빼내기 위해 환풍기를 돌리듯이 꿈은 우리의 무의식이라는 방에 갇혀 있는 트라우마를 없애기 위해 계속 꿈이라는 환풍기를 돌리고 있는 셈이다. 연기가 많이 차 있으면 자동으로 빨리 그리고 강하게 돌아가는 환풍기처럼 꿈은 무의식의 트라우마의 강도가 셀수록 자주, 그리고 강렬한 상징으로 자꾸 꿈을 꾸게 한다.

트라우마가 치유되면 꿈의 소재도 달라진다

장례식 이후 두 번째 해부터는 점점 아버지 꿈을 꾸는 횟수가 줄어들다가 요즘은 거의 꾸지 않게 되었다. 아버지의 죽음 이후 초반에는 텔레비전에 응급실이나 중환자실 장면만 나와도 폭풍 눈물을 흘리곤 했다. 그 당시가 떠올라서 말이다. 드라마나 뉴스를 못 볼 지경이었다. 그런 장면이 나오면 감정을 컨트롤 할 수 없었기 때문이다.

그런데 아버지 꿈을 계속 꾸면서 나는 트라우마가 치유되어 가고 있었던 모양이다. 어느 순간부터는 그런 장면이 나와도 그렇게 미친듯한 오열이 나오지 않았다. 그냥 예전처럼 드라마는 드라마라고 생각하며, 그 화면을 무덤덤하게 볼 수 있게까지 되었다. 장례식 장면이 나오면 아직도 살짝 눈가에 눈물이 맺히긴 하지만 그래도 예전만큼은 아니다.

꿈은 우리에게 이렇게 우리도 모르는 사이 엄청난 역할을 해준다. 그래서 꿈을 안다는 것은 정말 중요하다. 꿈이 우리에게 들려주는 목소리를 들어야 하는 이유가 여기에 있다. 『꿈은 말한다』는 우리가 꿈이 말하는 걸 듣게 되면 우리의 본모습도 알게 된다는 걸 가르쳐 주었다. 내 경우에도 아버지 꿈을 통해 내가 아직도 그 트라우마에서 벗어나지 못하고 있다는 걸 깨닫게 된 것이다.

『꿈은 말한다』를 읽기 전에는 죽은 사람이 나오는 꿈에 대해 어떻게 해석해야 하는지 잘 몰랐다. 꿈에 조상이 나오면 좋다거나 나쁘다거나 식의 오래 된 해몽 방식이 써 있는 꿈책은 있지만, 이렇게 매일이다시피 꿈을 꾸는 이유를 명쾌하게 설명해주는 꿈 해석 책은 없었다.

그러나 『꿈은 말한다』는 이 사실을 아주 명료하게 설명해놓았다. 『꿈은 말한다』는 내가 이제까지 살아오면서 읽었던 수많은 심리학 관련 서적에서 볼 수 없는 꿈에 대한 디테일한 이야기를 해주고 있었다.

『꿈은 말한다』는 다음과 같은 사람들에게 꼭 필요하다고 생각한다.

평소 꿈에 대해 관심이 많은 사람, 자신의 마음 깊은 곳을 들여다보고 싶은 사람, 가까운 미래나 먼 미래를 알고 싶은 사람, 영혼이나 우주의 에너지에 관심이 많은 사람, 이별이나 사별이나 이혼을 겪은 사람, 어린 시절 트라우마가 있는 사람, 사랑하는 사람과 헤어진 후 아직도 마음의 상처가 남은 사람, 부모님이나 조부모님을 여의고 트라우마를 겪은 사람, 자신의 마음을 치유하고 싶은 모든 사람, 자신의 문제를 해결하고 새롭게 출발하고 싶은 모든 사람들이 꼭 한번 읽어보기를 권해 주고 싶은 책이다.

5

꿈과 영화 이야기

우리가 날마다 밤마다 꾸는 꿈은 어찌 보면 한 편의 영화와 같
다. 영화 속 세상은 이루어지지 않는 것이 없다. 감독이 원하면
어떤 장면도 연출할 수 있다. 꿈은 공상과학영화도 가능하며, 달
달한 멜로물도 물론 오케이다. 어떤 영화도 가능한 곳이 바로 꿈
속 세계이다.

어쩌면 우리는 매일 밤마다 영화를 찍고 있는지도 모르겠다.
우리의 무의식은 영화 촬영장이다. 꿈속에서는 불가능한 것이
없다. 그래서 나는 꿈과 마찬가지로 영화에도 무척 관심이 많다.
생전에 만일 기회가 된다면 영화를 직접 만들고 싶을 만큼 영화
를 좋아한다. 독립영화도 요즘은 흔하니까 반드시 불가능한 꿈
만도 아니다.

그런데 영화를 보다 보면 정말 꿈과 관련이 있는 것들이 많다.
꿈의 세계와 통하는 길을 떠오르게 하는 영화는 특히 더 인상적

이다. 꿈의 세계가 우리에게 어떤 의미인지 아직도 잘 와 닿지가 않는다면 영화를 통해 이야기해보는 것도 재미있을 것이다. 올해에 내가 보았던 영화 중에서 특별히 꿈의 세계와 교차점이 보이는 다음 두 편의 영화 이야기를 해볼까 한다.

1. 영화 〈사라진 기억〉과 『꿈은 말한다』의 교차점

크리스티나 부오지테 감독의 SF영화이기도 하고, 스릴러, 멜로물이기도 한 유럽 영화 〈사라진 기억(Vanishing Waves)〉. 테레즈 더켓의 『꿈은 말한다』에서 다룬 무의식의 내용이라는 공통점에서 흥미가 느껴졌던 영화이다. 또 유럽쪽 영화라 배우들의 이미지 등 좀 더 독특한 분위기를 자아내는 영화였다.

물론 영화의 완성도 면에서는 개인적으로 높은 점수를 주긴 어렵지만, 그래도 아주 개성이 강하고 매력적인 영화라는 것은 분명하다. 소재도 역시 아주 특이하다.

〈사라진 기억〉은 2012년 제17회 부산국제영화제에도 초청되어 상영되었다고 한다. 이 영화는 사고로 기억을 잃어버린 여자의 무의식에 접속한 남자가 그녀에게 주체할 수 없을 정도로 빠져드는 아주 관능적이고 판타지한 로맨스 영화이다.

'환상적인 비쥬얼로 현실과 비현실을 넘나드는 독특한 러브스토리(New York Times)'라는 평을 얻으며 까를로비바리국제영화제 특별언급상, 시체스영화제 판타지유럽영화상 등을 수상하고 여러 유명한 영화제에 초청되었던 작품이라고도 한다.

　그러나 완성도 면에선 어쩐지 좀 엉성한 면이 있다고 본다. 좀 더 완벽한 구성이었다면 훨씬 폭발적인 영화가 될 수 있었을 텐데 아쉽다. 하지만 한번쯤 꼭 볼만한 영화이다. 특히 관능적인 면을 중시한다면 적극 추천한다.

　신경세포끼리 접촉하는 실험이라는 발상도 독특하고, 꿈속이라는 무의식을 통해 두 사람이 만나는 것도 특이하다.『꿈은 말한다』에서도 꿈과 무의식의 세계를 다뤘는데, 시기적절하게 이 영화를 잘 본 것 같다. 소재의 교차점이 보이는 영화이다.

　이번 영화에서도 역시 느꼈지만 미국 영화와 유럽 영화는 풍기는 느낌이 확실히 뭔가 다르다. 뭐랄까, 인스턴트 음식과 유기농 음식 같은 느낌의 차이랄까. 미국 영화는 깊이와 격이 없는데 반해 유럽 영화는 비록 좀 덜 완성적인 영화라고 할지라도 풍기는 품격이 다르다. 공감의 깊이가 있다. 그리고 여운이 있다. 생각할 여지를 남겨주는 것이다. 개인적인 시각에서 미국 영화는 아무리 괜찮은 영화라도 전하는 메시지가 한 줄짜리일 때가 많다. 하지만 유럽 쪽 영화들은 보고 나서도 자꾸 여운이 남고, 생각할 거리를 많이 남겨주는 것이 다르다.

무의식도 의식 못지않게 가치가 있다

　인간에게 무의식은 무엇일까. 이 영화 속 남녀는 무의식 속에서만 사랑을 나눈다. 그들에겐 의식의 세계보다 무의식의 세계가 더 의미를 지닌다. 사람은 어쩌면 너무 제한된 것들만 진실, 혹은 참이라고 생각하며 살다가 인생을 마감하는 건 아닐까. 모든 사람이 태어나서 살다가 가는 것은 똑같지만, 어떤 다양한 프리즘을 통해 세상을 보다가 가느냐 하는 건 하늘과 땅 차이만큼 크다.

인간은 모두 같지 않다. 사람들은 각자의 능력이나 사고력만큼 세상과 인생의 세계를 넓히거나 좁힌다. 얼마나 넓고 다양한 세계를 영위하다가 가느냐 하는 건 다 각자의 능력이거나 기질이라고 생각한다. 줄곧 하나만의 세계나 좁은 세상을 보다가 죽는 건 어쩌면 좁은 울타리 속에 갇혀 평생을 살다 가는 가축의 무리와 다를 게 뭐가 있을까. 과연 그것도 인간의 삶이라고 할 수 있는가. 물론 극단적인 비유를 들었지만, 그만큼 인간이 다른 사람이나 세상이 만들어놓은 울타리 안의 세상만 본다면 가축과 다를 바가 없다는 의미이다.

인간은 가축과 다른 삶을 살다 가야 한다고 생각한다. 우리 속에 갇힌 가축처럼 항상 같은 것만 생각하고, 같은 것만 바라보는 삶을 살다가 죽는 것이라면 인생은 정말 별 의미가 없을 것 같다. 사실 알고 보면 우리에겐 탐구해야 할 세계가 정말 많다. 하지만 세상이 울타리를 쳐놓고 "여기까지만 봐야 돼", 혹은 "여기까지만 의미와 가치가 있어! 나머지는 다 상상이고, 헛된 것이야"라는 생각들을 세뇌시켰기에 어떤 사람들은 가축처럼 살다가 죽는 수가 많다. 세상의 울타리를 넘을 수 있는 상상력과 용기는 어디서 찾을 수 있을까. 바로 우리 안의 무의식 세계가 아닐까.

꿈은 어쩌면 광활한 우주와 통하는 입구

이 영화는 우리가 곧잘 잊기 쉽고, 간과하기 쉬운 무의식의 세계를 한번쯤 다시 떠올리게 한다. 우리 인생의 많은 부분을 차지하는 꿈의 세계를 생각해보는 계기를 주는 영화이다. 또한 이 영화와 비슷한 맥락에서『꿈은 말한다』역시 무의식 세계의 의미와 가치를 아주 확실하게 보여주는 정말 중요한 책이다. 우리 인생의 비밀을 알려주는 책이기도 하다.

우리에게 주어진 것은 의식의 세계뿐만이 아니다. 의식은 빙산의 일각일 뿐이다. 우리는 왜 많은 부분을 놓치고 살아가는가. 무의식은 우리의 것이다. 왜 우리 일부분을 잊고 사는가. 우리는 자신의 전체를 탐구하고 탐색하는 알찬 삶을 살아야 하지 않을까. 우리는 우리 자신의 아주 적은 부분만 알고, 바라 보다가 죽어가는 인생을 살 수도 있다.

세상은 넓다. 또한 우리 자신도 넓고 깊다. 우리는 우주와 연결된 존재이다. 다만 모를 뿐이다. 하지만『꿈은 말한다』같은 책이나 영화들을 보면서 우리 자신의 존재가 무엇인지, 우리 인생에서 무얼 더 추구해야 하는지, 탐색해야 하는지 알 수 있게 된다. 주는 먹이만 받아 먹으며 단순한 생각만 하다가 죽는 가축처럼 살지 말고, 광활하고 깊은 자신의 내면을 탐색하는 삶을 살다가는 것도 좋을 것이다. 인간은 가축과 달리 그런 능력이 있다. 하지만 그걸 발휘하지 못하고 죽는 인간들이 대다수이다. 그 중 요성조차 알지 못하고 죽는 인간들이 많다.

인생이 지루하다고? 인생이 무의미하다고? 인생이 따분하다고? 인생이 외롭다고? 자기 자신의 존재를 제대로 안다면 지루하거나 무의미하거나 외롭다는 생각을 할 틈이 없다. 우주는 멀리 있는 게 아니다. 자기 자신이 바로 우주이다. 그걸 우리는 미처 깨닫지 못하고 있을 뿐이다. 무의식의 세계를 통해 우리는 우주와 연결된 우리 존재와 접촉할 수 있으며 탐험할 수 있다. 우리는 이 단순화된 사회 안에 매몰되지 말고, 자기 자신을 만나러 떠나야 한다. 그건 곧 광활한 우주와 대면하는 길이다.

2. 영화 〈미스터 노바디〉를 통해 본 꿈 이야기

역시 유럽 영화인 〈미스터 노바디〉. 자코 반 도마엘 감독의 이 영화는 일단 소재면에서 먼 미래에 있을 법한 상황이다. 간단하게 말하면 인류 역사상 마지막으로 '늙어' 죽게 되는 주인공 '니모'의 회상에 대한 이야기이다.

이 영화는 미래의 어느 날에는 모든 인간들이 세포 재생술로 영원히 살 수 있는 가운데 인간으로서는 마지막으로 늙어 죽는 사람의 인생 이야기를 풀어간다. 2092년, 죽음을 눈앞에 둔 118살 '니모'는 인생에서 '선택'의 문제를 중심으로 이야기한다.

이 영화는 재미있으면서도 생각할 거리를 많이 던져 준다. 인생에 있어 선택의 중요성, 그리고 나비효과. 아주 작은 일이 다른 일에 큰 영향을 끼치는 것. 나비의 날개 짓처럼 작은 변화가 폭풍우와 같은 커다란 변화를 유발시키는 현상이 우리 인생에서도 중요한 고비 때마다 나타날 수도 있다는 것이다. 인생에서도 나비효과가 한 사람의 인생을 송두리째 바꿔 놓을 수도 있다는 걸 알려준다. 인생은 매순간 선택의 연속이며 그 결과에 따라 자신의 인생이 바뀌는 걸 결국 고스란히 책임져야 할 사람도 당사자이다.

이 영화에선 주인공 니모의 선택 중 여러 경우의 수를 보여주면서 그에 따라 아주 달라진 니모의 여러 인생이 나타난다. 마치 예전에 〈일요일 일요일밤에〉이었던가, MBC 예능프로그램에서 '이휘재의 인생극장 – 그래, 결심했어!'라는 단막극을 연상시킨다. 이처럼 자기가 선택하는 방향에 따라 인생의 결과가 달라진다는 걸 〈미스터 노바디〉는 보여 주면서 인생에서 후회 없이 참된 선택을 하라는 지혜를 말하고 있다.

그러나 우리의 인생은 영화가 아니고, 현재 진행형이며 다시 되돌아가 선택을 바꿀 수도 없다. 어쩔 수 없는 것이다. 그래서 '팔자소관'이라는 말이 나왔고 그걸로 정신건강을 보존할 수밖에 없는 노릇이다.

장자의 '호접몽'이 연상되는 교차점

이 영화는 또 다른 관점에서도 아주 특이한데 인간이 사는 이 세상 말고도 다른 시·공간의 개념에 대해 살짝 언급한다는 사실이다. 장자의 '호접몽'이 연상된다. 장자가 어느 날 나비가 되어 날아다니는 꿈을 꾸었는데, 깨고 보니 지금 깨어 있는 자신의 꿈을 나비가 꿈을 꾸고 있는 것인지, 자기가 나비 꿈을 꾼 것인지 모르겠다는 이야기 말이다. 이 세상 만물에 대한 통찰력을 보여주는 그 이야기가 이 영화를 관통하는 생각이라는 것이다.

서양 영화가 이렇게 동양적 철학사상으로 무장한 줄거리라는게 새롭다. 특히 장자의 사상에서 우리는 또 다른 차원의 어떤 사고의 실마리를 찾을 수 있지 않을까. 이 영화를 보면『꿈은 말한다』가 떠오른다. 이 영화의 주인공이 마지막에 한 말.

"지금 내가 과연 진짜 나일까?"

"내가, 혹은 네가 정말 존재하긴 했을까?"

이 질문들은 요즘 내가 고민하는 문제와 맞닿아 있다. 우리는 과연 지금 존재하는 게 맞을까. 이 차원 말고 다른 차원은 정말 상상 속에서만 존재하는 대상일까. 이 세상과 다른 차원의 실재가 SF영화에만 존재하는 이야기가 아니라 정말로 존재한다면? 만일 인간들의 생각이나 무의식 속에 다른 차원의 존재에 대한

목동 고민 학교

40

단서가 들어 있다면? 물론 다른 차원은 우리가 영화 속에서 상상하는 그대로는 아니겠지만, 그런 실마리가 정말로 있다면? 예전에 우리가 SF소설이나 영화에서만 상상하던 것이 물리학이나 과학의 발달로 정말 이 세상에 밝혀지거나 이루어지고 있는 것처럼……. 정말 우리가 사는 이 세상과 다른 차원이 있다면?

이 영화를 보면 자연히 그런 질문을 던지게 된다. 그건 그저 허무맹랑한 상상이 아니라 철학적 질문이다. '나는 누구인가?', '나는 어디에서 왔으며 어디로 가는가?' 이런 질문은 철학적인 존재론적 질문이기도 하지만, SF영화나 소설 등 상상 속 이야기와 연결될 수도 있다. 문득 드는 생각은 철학적 질문의 해답이 어쩌면 물리학이나 심리학 같은 과학에서 찾아질지도 모를 일이다. 또한 우리의 뇌 속에 그 열쇠가 있을지도 모른다.

'꿈은 말한다.' 그렇다. 이 영화 속에서도 주인공 니모가 말하는 것이 모두 꿈속에서 있었던 이야기일지도 모른다. 그리고 우리도 역시 지금 살고 있는 이 인생이라는 꿈을 다른 차원의 우리가 꾸고 있는지도 모른다. 그것에 대한 궁금증을 조금이라도 해소하기 위해선 우리가 꾸는 꿈속에서 해답의 실마리를 찾아야 할지도…….

우리가 잠을 자면서 꾸는 꿈은 다른 차원의 세상에 대한 열쇠 갖고 있는지도 모른다. 우리의 의식이나 지금의 과학기술로는 절대 답을 해줄 수 없는 무의식의 비밀을 꿈이 말해주는 언어로 호기심을 충족해나가는 건 어떨까.

6

꿈에서 전생을 알 수 있을까?

과학으로 검증되지 않은 것은 모두 배척해야 할까? 소위 인체의 과학이라고 일컫는 의학도 얼마나 숱한 잘못을 저지르는지……. 인간은 과연 얼마나 이 세상에 대해, 혹은 인간에 대해 알고 있는지……. 꿈과 전생에 대한 이야기를 하기 전에 과학의 오만함을 떠올리지 않을 수 없다. 어쨌든 꿈은 과학 '앞'에 있다고 본다. 모르긴 몰라도 인간사나 자연계에는 과학으로 밝혀진 것보다 밝혀지지 않은 것들이 더 많을 것이기 때문이다.

그런데 왜 과학이라는 이름이 '완장'을 차고 이제까지 우리 삶의 모든 것을 지배하려고 해왔을까. 아직 인간의 능력으로 밝혀내지 못한 영역일 뿐인데, '검증된 바가 없다', '비과학이다', '미신이다'라고 매도하는 건 인간의 대단한 오만이 아닐까. 우리에게는 과학도 풀지 못하는 영역들이 아주 많이 있다.

우리는 '우리 것'이면서 '우리 것이 아닌 듯' 그들을 저 골방으로 미뤄놓고 있었다. 마치 우리 삶에는 아무 가치도 없다는 듯이 '이성(理性)'적이지 못하다고 난도질을 해댔다. 예를 들면 '꿈'이나 '전생' 같은 영역들 말이다. 현대의 발달된 과학이라고 하더라도 특히 인간의 뇌 영역에 대한 연구는 아직도 미미하다고 들었다. 그렇다면 '전생'에 대해서도 단언컨대 '없다!'라고 판단을 내릴 수 있는가.

번역서 『꿈은 말한다(Dreams Speak)』를 기획해서 편집하면서 참 놀라운 사실을 깨달았다. 인간에게 전생이란 실제로 존재할 수도 있다는 근거를 찾았다. 『꿈은 말한다』에 잠시 스치고 지나가는 내용 중에 고대 유대교의 신비주의에 관련한 이야기가 있다. 거기서 말하는 '생명의 나무'에 대한 이야기에서 난 '전생의 단초'를 엿보았다. 물론 그 가능성의 씨앗을 봤다는 것이지 아직까지 확실한 정답은 아무도 모른다. 어디까지나 '~수 있다'는 것이다.

인간에게 전생은 무엇인가. 인간의 영혼은 에너지이며, 물리학에서 말하는 원자보다 더 쪼개진 존재일 수 있다. 『꿈은 말한다』는 정말 단순한 심리학책이 아니다. 난 이 책에서 인생의 놀라운 진실과 우주의 비밀을 풀 수 있는 단초를 발견할 수 있었다. 그래서 앞으로 이 문제에 대해 더 파고들 수 있는 책들을 기획하고 발굴해야겠다는 생각이 들었다.

사람에게 전생은 일단 존재하는 것 같다. 어떻게 이렇게 단정적으로 말할 수 있느냐고? 그렇다면 반대로 전생이 존재하지 않는다고도 단정적으로 말할 수 없지 않은가. 그래서 일단 '전생이 존재한나'라는 가정 하에 이야기를 해보고자 한다.

그 맥락에서 생각해 볼 때 사람의 근원은 에너지의 한 종류로 육체를 빌려 세상 속에 나온다. 그 시·공간의 넘나듦이 우리가 전생이라고 부르는 대상인 것 같다. 전생이 단지 그냥 상상 속이나 이야기 속에서나 나오는 차원의 이야기가 아니라는 것에 전율을 느끼지 않는가. 이 깨달음을 얻고 난 『꿈은 말한다』가 정말 놀라운 책이라는 것을 다시 느꼈다. 그런데 독자들은 과연 나와 같은 생각의 단초를 얻을 수 있을 것인가.

은유와 상징 속에 담긴 우주의 비밀

사실 『꿈은 말한다』에는 엄청난 우주의 비밀이 담겨 있다. 사실 '독서'에 대해서라면 나도 어느 정도 자부심을 갖고 살아온 사람인데 이런 책을 우리나라에서 발견한 적이 없다. 정말 이 책의 놀라운 가치를 전할 수 없는 게 안타깝다. 독서에 대한 감지력이 나름 잘 발달한 사람은 이 책을 보면 뭔가 있을 거라는 사실을 알 것이다. 어릴 때부터 심리학책에 관심이 많았던 나로서는 이런 책을 본 적이 없다. 서평이벤트를 해보니 이런 단초를 느끼는 '독서 더듬이'를 가진 독자들도 더러 발견했다. 그들도 뭔가를 이 책에서 느낀 것이다.

『꿈은 말한다』는 얼핏 그 이야기를 구체적으로 하고 있다. 하지만 전생은 주된 내용이 아니다. 왜냐하면 이 책은 꿈에 관련된 책이니까. 하여튼 난 그래도 이 책에서 고대의 지혜를 발견할 수 있어 굉장히 놀라웠다. 그리고 꿈을 통해서 우리 인간이 우주의 비밀에 맞닿을 수 있는 능력이 있다는 사실도 깨달았다.

유럽 문화권에 속한 이 저자의 정보력에 비하면 턱없이 부족한 정보를 강요당하진 않았을까. 고대 인디언의 문화를 말살하다시피 한 미국 문화권에 종속되어 있는 우리나라의 독서 풍토에 매몰돼 있던 한계가 아닌가 싶다. 오래 전부터 우리나라 출판계는 미국이나 일본을 통해서 책이 주로 들어 왔기 때문이다. 그리고 우리나라 지식인들도 모두 그런 책들을 통해 정보를 습득해왔고…… 그 지식을 우리는 받아왔고…… 그래서 한계가 있는 것 같다.

우리나라에는 미국 문화와 대척되는 이슬람 문화는 거의 불모지나 마찬가지다. 이슬람 문화권의 위대한 문명의 역사나 그 진리에 대해서는 상대적으로 책이 별로 없다. '셀프 검열'이 있어온 건 아닐까. 반면, 기독교 문화 중심의 책들은 많다. 비록 이슬람 문화가 여성에게 억압적이고 사회제도적으로는 현대 시각으로 볼 때 문제가 많을지 모르나, 그 문명의 근원적 의미를 고찰해볼 때에는 우주의 비밀을 간직한 지혜가 담겨 있을 확률이 높다.

우리는 그런 세계를 놓치고 사는 것이다. 지식의 프리즘은 다양해야 하고, 인간 지혜의 보고는 모두 파헤쳐 봐야 한다. 그런데 우리 문화권에는 우리도 모르게 편견의 벽들이 많이 쌓여져 있다. 평소 의식하지 않고 그냥 살고 있을 뿐이다.

『꿈은 말한다』는 오스트레일리아의 여성이 저자인 만큼 미국 문화권의 이성 중심, 과학 중심의 좁은 시야는 아니다. 좀 더 깊고 넓은 통찰의 사고가 담겨 있다. 어쨌든 이 책에서 나는 앞으로 내가 더 탐구해야 할 주제의 조각을 얻을 수 있어 아주 큰 수확이었다.

전생, 그건 분명히 존재하는 것 같다. 고대의 신비주의를 단지 현대의 시각으로만 폄하해선 안 된다. 그냥 전설이나 이야기가 아닐 수 있다. 그 은유와 상징 속에는 우주의 비밀이 담겨 있을 수 있다. 우리는 그 행간의 의미를 잘 이해하고 받아들여야 한다. 그 속에는 우리가 알면 놀랄 엄청난 비밀이 숨겨져 있을 수도 있다.

고대의 신화에서 비밀의 열쇠를 찾아야

우리는 인생과 우주의 엄청난 비밀을 모른 채 일상만 열심히 쫓아갈 뿐이다. 많은 중요한 사실들을 놓치면서 말이다. 얼마나 억울한가. 눈 양옆에 편자를 대고 마부의 채찍질에 따라 앞으로만 달리는 마차를 끄는 말과 다름없는 신세이다. 이대로 그냥 살 수는 없지 않은가. 전생은 존재한다. 혹은 존재하지 않을 수도 있다. 그러나 '무조건' 존재하지 않는다고 단정 짓는 건 오히려 더 어리석은 건 아닐까.

'우리는 에너지로 이뤄져 있고, 그걸 우리는 영혼이라고 부른다.' 일단 여기까지 나는 따라온 것 같다. 그리고 영혼이라는 에너지는 아바타처럼 우리 육체를 빌려 조종한다. 아니 이 세상에서 잠시 빌린다. 그리고 그 육체가 소멸하면 다시 다른 세상에 다른 육체로 태어난다. 그럴 것 같다. 이게 정답이라는 건 아니다. 그저 이런 상상력을 발휘해 보는 건 어떨까.

그런데 전생을 기억할 수 없다는 것은? 그건 에너지가 어떻게 변하기 때문일까. 여기서부터는 잘 모르겠다. 그러나 사실 전생을 기억해야겠다고 노력하는 사람들도 별로 없지 않는가. 그 통로를 찾겠다고 나선 사람들도 많지 않으니까 못 찾는 것도 어쩌면 당연한 일 아닌가.

전생의 루트를 잘 찾아보면 어쩌면 발견할 수도 있다. 고대 책들의 연결고리를 잘 따라가다 보면 보다 쉽게 찾을 수 있을 지도 모른다. 왜냐하면 고대에는 사람들의 삶이 그렇게 변화가 적었기 때문에 입과 입을 따라 그 진리가 전해져 왔을 수도 있기 때문이다. 사람들의 삶이 빠르게 변하고부터 많은 우주의 지혜나 비밀들이 사라져 갔을 것 같다.

『꿈은 말한다』를 통해 얻은 것은 우리가 꾸는 꿈에서 전생의 루트를 발견할 수도 있다는 깨달음이다. 자기 꿈을 잘 해석해 보거나 따라가 보면 자기 전생의 단초를 찾을 수도 있다. 무의식은 우리 인생의 비밀을 간직하고 있다. 그 비밀코드를 꿈의 언어로 이해해야 한다.

우리는 에너지로서 긴 여행을 하고 있을지도

많은 사람들이 이 세상의 삶이 힘들다고 자살하는 경우가 있다. 그러나 이 인생의 비밀을 깨닫고 나면 굳이 자살을 할 필요가 없다는 걸 알 수 있을 것이다. 우리의 몸은 어차피 영원히 우리의 것이 아니다. 우린 그저 빌려 쓰고 있을 뿐이다. 그런데 굳이 자살할 것까지 뭐가 있겠는가. 삶이 힘들다는 건 현재 삶이 힘들다는 것뿐이다.

그 의미를 깨닫고 나면 이 세상의 삶 자체가 그리 자살할 만큼 심각하게 느껴지지 않을 것이다. 현재 삶의 팍팍함이 초점이 되는 게 아니라, 인생 그 자체, 우주 그 자체의 문제에 생각을 모으는 것이 필요하다. 그게 인생의 긴 여정에서 반드시 필요한 일이다. 우리는 에너지로서 긴 여행을 하고 있다. 그 여행에서 탐색을 해야 하지, 굳이 이 현세의 삶이 괴롭다고 아우성 칠 필요는 없다.

우리의 본연, 그 자체에 더 의미를 둬야 한다. 거기에 집중해야 한다. 그건 육체로 존재하는 것이 아니라 에너지로 존재한다. 그 에너지에 집중해야 한다. 그것이 우리의 원래 모습인 것이다. 이 중요한 사실을 깨달아야 우리 자신과 이 우주를 똑바로 바라볼 수 있다. 우리는 이 육체를 잘 빌려 쓰고 다시 다른 여행을 하면 되는 것이다. 이런 식의 상상은 어떨까.

우리가 사실 정말 '책'이라고 부를 수 있는 것은 이런 생각할 거리를 간직한 책들이다. 거기서 우리는 진정한 깨달음을 얻을 수 있다. 누구나 다 알고 있는 사실을 말하는 책은 그냥 잡지나 마찬가지다.

세상은 정말 놀라운 일들로 가득하다. 눈앞에 보이는 것만이 전부가 아니다. 우리는 단지 빙산의 일각에 불과한 삶을 살고 있을지도 모른다. 우리는 우주로 깊은 탐색을 해야 한다. 그건 꼭 로켓을 쏘아 올려 겉만 훑는 것이 아니다.

우리 안의 에너지는 마음만 먹으면 우주여행을 할 수 있다. 단지 그 사실을 인식하지 못할 뿐이며, 관심도 두지 않고 있을 뿐이다. 그 진리를 따라가면 찬란한 별들이 초록색으로 반짝이는 대우주를 마주할 수 있다. 그건 우리가 에너지로서의 본연에 집중하면 가능한 일이다.

7

꿈해몽의 재발견

'아는 만큼 보인다'는 반드시 역사적 유물이나 명소에만 해당하는 말이 아니다. 우리는 뭐든지 아는 만큼 보이고, 아는 만큼 이해할 수 있는 것이다. 똑같은 물건이나 대상도 그 대상에 대한 배경지식을 얼마나 갖고 있느냐에 따라 다르게 평가되고 사용된다.

쉬운 예를 동화에서 찾아보자. 『거지와 왕자』 중에서 왕자가 된 거지가 옥쇄를 갖고 호두를 깨어 먹는 기구로 사용하는 이야기가 나온다. 옥쇄는 그 자체는 변하지 않는 대상이지만, 그 대상에 대한 배경지식이 다를 경우 그 가치는 하늘과 땅 차이다. 한 나라를 좌지우지하는 큰 의미를 가지는 옥쇄가 그 배경지식이 없는 왕자가 된 거지에겐 그저 단순히 호두를 까먹는 데 사용하는 도구밖에 의미를 가지지 못하는 것과 같다.

꿈도 마찬가지이다. 우리가 꿈에 대해서 많이 알고 있으면 그 엄청난 에너지를 느낄 수 있다. 또 그 의미가 어디까지 미치는지 깜짝 놀랄 만큼 대단하다는 걸 알게 될 것이다. 그리고『꿈은 말한다』가 얼마나 꿈의 진실에 접근하고 있는지도 간파할 수 있는 힘이 생긴다. 그런데 꿈에 대한 배경지식이 없으면 꿈은 그저 한낱 '개꿈'같이 의미 없는 대상일 수 있다.

일단 뭔가를 잘 알기 위해선 '관심'을 가져야 한다. 학교에 다닐 때에도 관심이 가고 좋아하는 선생님 과목은 열심히 하게 된다. 관심은 그 대상에 대한 이해도를 높이는데 특효약이다. 『꿈은 말한다』에서도 관심의 중요성에 대해 되풀이해 강조하고 있다.

토속적 해몽에 이어 프로이트와 융까지

나는 어릴 때부터 꿈에 대해 관심이 많았다. 정확하게 기억을 해보자면 초등학교에 입학하기 전인 여섯 살 내지는 일곱 살 무렵부터 꿈에 대해 관심이 생겼다고 보면 되겠다. 그 무렵 아주 특이한 꿈을 꾸게 되어 나는 꿈에 대해 관심이 생긴 것이다. 그 꿈 내용(고깔모자 요정)에 대해서는 이미 앞에서 구체적으로 이야기했다.

어쨌든 나는 그때부터 꿈에 관심을 가지면서 꿈을 기억하는 것에 주력을 했고, 중학교 때는 해몽 책도 찾아 읽기도 했다. 또 고등학교 1학년 때에는 프로이트의『꿈의 해석』을 읽으면서 꿈을 메모하는 습관을 잠시 가지기도 하면서 꿈에 대해 알려고 노력했다. 그 이후로 꿈에 관련한 심리학책은 많이 찾아 읽었다. 그래서 프로이트를 잇는 위대한 심리학자 융을 비롯해 여러 심리학 관련 서적에 빠져 살았던 시절이 있었다.

물론 지금은 그 책들에 대해 자세한 건 기억할 수 없지만, 지금 나의 꿈에 대한 배경지식을 이루는 데 지대한 역할을 한 건 사실이다. 이 당시 심리학과 꿈에 대한 큰 맥은 잡았다고 볼 수 있다. 그 이후 나의 관심은 철학으로 완전히 옮겨가서 대학교 때에는 심리학 책을 그리 많이 보지는 않았다. 하지만 꿈에 대한 관심은 여전해서 꿈을 꾸면 토속적 방식으로 해몽하기도 하고, 또 프로이트의 성적 노이로제 방식을 떠올리거나 때로는 융의 원형 이론 방식으로 해석하기도 했다.

덕분에 나는 한창 미지의 영역에 대해 관심이 많을 청소년기인 중·고등학생 때 다양한 독서를 통해 꿈에 대해 또래보다는 많은 지식이 있었다. 그걸 바탕으로 청소 시간이 되거나 운동장 조회 때면 친구들의 꿈을 해몽해주면서 많은 실제 사례를 모으기도 했다. 물론 메모광이 아니었기에 그냥 그때그때 계속 배경지식을 쌓아가는 데 활용했다.

어쨌든 꿈에 대한 관심은 꿈의 해석 능력을 키운다. 나는 상대적으로 보통 사람들보다는 내 꿈에 대해 잘 해석하는 편이다. 그리고 남의 꿈도 들으면 어느 정도는 해석해줄 수 있다. 동양의 해몽 방식 또는 서양의 심리학 접근 방식을 적용해 그때그때 상황에 맞게 풀어낸다. 물론 아무도 꿈을 백 퍼센트 정확하게 해석할 수는 없다. 그래도 대략적인 청사진만 잡아내도 꿈의 해석은 우리에게 아주 많은 도움을 줄 것이다.

『꿈은 말한다』는 이렇게 꿈에 대해 많은 관심이 있는 나에게 그동안 부족했던 부분을 메워주는 아주 중요한 역할을 했다. 아직도 채워지지 않은 꿈에 대한 내 지식의 군데군데 미세한 틈을 아주 확실하게 메워주는 역할을 해주었다. 어릴 때부터 꿈에 대해 많은 관심과 독서와 실제 사례를 모아왔던 나에게『꿈은 말한다』는 미세하게 비어져 있던 꿈에 대한 지식의 부족 분량을 꼼꼼하게 챙겨주는 좋은 가이드이다.

8

꿈과 친구가 된다면
천재도 부럽지 않다

직관은 선불교의 가르침과 비슷하다고 말하는 사람들도 있다. 또 직관은 '유레카'를 떠올리게 한다. "유레카!(알아냈어!)"라는 말은 그리스의 수학자 '아르키메데스의 일화'에서 비롯되었다.

직관은 비과학적이고 비논리적인 영역에 속한다. 직관은 이성적 사고와는 다른 차원이다. 논리를 넘어선 그 무엇이다. 현대인의 직관은 이성적 사고에 많이 가려져 있다. 논리성에 밀린 직관의 영역은 먼지 쌓인 다락방처럼 우리에게서 그 중요성이 많이 퇴색되었다.

직관은 우리 내부의 신호등과 같은 역할을 해준다. 요즘은 '감성 지능'이라는 말로 표현되기도 한다. 감성지능이란 자신과 다른 사람들의 감정을 이해하고, 그에 따라 의사 결정으로 내려 행동하는 걸 말한다. 꿈과 친해지면 이 감성 지능이기도 한 직관력을 발달시킬 수 있다. 감성 지능이 높은 사람들은 자신이 감지한 감성의 안테나를 효과적으로 잘 활용하는 법도 알고 있다.

흔히 천재들이 직관의 영역에서 창조성을 얻는다는 이야기를 들은 적이 있을 것이다. 천재들은 자신의 내면의 실마리를 해석하거나 핵심을 알아내는 자기 나름의 고유한 방식이 있다. 천재들은 아침에 세수를 하거나 저녁에 잠을 자면서도 직관은 발휘된다. 자신이 생각하는 사유의 고리가 마음속에 떠오르는 것이다.

자신이 직관으로부터 얻고 싶은 것을 마음의 이미지를 통해 그려보고, 자기 내면의 목소리에 귀 기울인다면 직관은 해답을 말해준다. 천재는 자신이 가진 더 큰 감수성과 예민함과 생생함을 가지고 직관의 힘을 사용한다. 이처럼 천재들은 무의식의 세계로부터 아이디어를 얻는 방법을 알고 있다.

하지만 천재뿐만 아니라 보통 사람들도 직관의 능력이 있다. 천재가 직관을 자발적이고 본능적으로 발전시키는 인간 유형이라면, 보통 사람들은 많이 노력해야 직관을 활발하게 작용하도록 할 수 있다. 난 그 노력의 과정 중 하나가 꿈의 해석이라고 생각한다.

예를 들어, 시각을 다투는 급한 상황이나 아주 곤란한 처지에서 중요한 결단을 할 때가 있다. 시험을 칠 때에도 혼돈스러운 문제에 맞부딪혔을 때 '처음 생각한 답이 정답일 경우가 많다'는 선배들의 조언에 따라 직관이 발휘된 경험도 종종 겪어봤을 것이다.

꿈해몽에서 직관을 낚다

천재들은 이성보다는 직관에 더 의존한다는 이야기도 있다. 이성적 사고가 낮은 주파수라면 직관은 높은 주파수라고 비유할 수 있다. 직관을 갈고 닦으려면 우선 직관의 중요성부터 인식해야 한다. 직관이 자기 존재의 아주 소중한 친구라는 사실부터 깨달아라.

천재는 직관을 정신의 중심에 두고 있다. 보통 사람의 직관도 노력 여하에 따라 천재처럼 섬세하게 다듬어질 수 있다. 우리가 유기농만을 섭취하면 온몸의 체세포가 많은 시간이 흘러 정화되는 것처럼 직관에 의존하는 시간을 오래 가진다면 우리의 사고는 직관의 시스템에 맞춰 변화될 것이다. 천재는 본능적으로 직관을 백 퍼센트 확신하고 있고, 이런 직관적 시스템이 내재되어 있으며, 그 직관을 잘 활용하고 사는 것이 보통 사람과 다른 점이다. 보통 사람들은 자신의 직관을 다듬기 위해서 직관을 믿는 것부터 우선 시작해야 할 것이다.

직관과 가장 밀접한 관계가 있는 것은 '꿈의 세계'이다. 보통 사람들은 현실 세계만 중요하다고 생각한다. 꿈은 그냥 의미 없는 '개꿈' 정도로 취급한다. 하지만 꿈의 가치를 알고 꿈이 암시하는 것을 현실에 적용시킨다면 많은 것들이 달라질 것이다.

〈링컨〉이라는 영화로도 잘 알려진 미국 역사에서 노예해방을 실시한 유명한 대통령인 링컨. 그에 얽힌 유명한 일화도 이 꿈의 암시 능력을 잘 보여주고 있다. 어느 날 링컨이 꿈을 꾸었는데 내용은 이렇다. 링컨이 백악관에 들어가는데 수많은 사람들이 어떤 시체 주변에 몰려 있었다고 한다. 링컨은 이렇게 많은 사람들이 몰려 있는 그 시체가 누구인지 너무 궁금해서 한 사람에게 물어보았다고 한다.

"이 시체는 도대체 누구인데 이렇게 많은 사람들이 모여 있는 건가요?"

그러자 다음과 같은 대답이 돌아왔다.

"네, 죽은 사람은 바로 위대한 링컨 대통령입니다."

링컨은 이 꿈을 꾼 지 며칠이 지나지 않아 암살당하고 말았다.

꿈은 삶과 연결되어 있다. 단지 우리가 현실 세계와 꿈을 차단시켜 놓았을 뿐이다. 꿈은 때로는 현실의 논리적 언어와 다른 색깔의 언어로 이야기하고 있기 때문에 우리가 '개꿈'이라고 무시해버리기 쉽다. 하지만 꿈을 우리의 친구로 만든다면 보통 사람들도 천재가 장착하고 있는 직관의 무기를 가질 수 있다. 우리도 이제 꿈해몽에서 직관을 낚아 올리자.

夢, 夢, 夢,
꿈의 법칙

"꿈은

우리가 생각하고

느끼는 척하는 것이 아니라

실제로 생각하고

느끼는 것을 보여준다."

— 델라니

꿈해몽의 다섯 가지 법칙

꿈해몽에서 자주 나타나는 상징 코드들을 이야기하기 전에 우선 해몽의 법칙을 크게 다섯 가지로 한번 요약해 볼까 한다. 이 것만 알아도 꿈해몽, 그렇게 어렵지 않다. 꿈이 궁금하면 최소한 이 다섯 가지 법칙만 기억하고 있기를! 그러면 웬만한 꿈을 해몽할 때에 대략적인 방향이 나와서 해결이 좀 될 것이다.

첫째, 꿈속에서의 '감정'과 '의지'는 현실과 같은 방향이다.

예를 들어 꿈속에서 기분이 나빴다면 현실에서도 기분이 나쁠 것이다. 해몽의 기준은 그렇다. 단, 여기서 '감정' 부분에서 '눈물'이라는 배설물이 동반한 슬픈 감정은 예외다. 배설물에 대해 더 자세한 내용은 이 책의 「배설물 꿈은 '다다익선'」 부분을 참고하면 된다. 또 '의지'가 잘 이해가 안 될 텐데, 쉽게 말하면 꿈속에서 자기 의지대로 몸이 안 움직이는 건 좋지 않은 꿈이다. 예를 들어 하늘을 나는데 자기 의지대로 잘 날면 좋은 꿈이고, 의지와 다르게 처박히거나 잘 날 수 없는 꿈은 좋지 않은 꿈이다.

둘째, 꿈속에서의 '사건'과 '행동'은 현실과 반대 방향이다.

이건 우리가 흔히 들었던 말일 것이다. 예전부터 '꿈은 반대다'라는 말이 있다. 이 말은 '사건'과 '행동'에 있어서만큼은 맞다. 하지만 모든 꿈에 적용시키면 안 된다. 해석의 영역을 좁혀 사건과 행동일 때만 그렇다.

예를 들어 꿈에 누가 죽으면 길몽이라는 것이다. 실제 현실 속에서 누군가 죽는다는 건 좋지 않은 일이다. 하지만 꿈속에서 '죽음'은 긍정적인 상징 코드이다. 그래서 '꿈은 반대로 해석하면 된다'는 말이 나온 것이다.

셋째, 잠에서 깨지 않고 여러 가지 꿈을 연달아 꾸면 전혀 다른 소재라도 같은 방향을 가리킨다.

우리는 자면서 한 가지 꿈만 꾸는 것이 아니라 여러 가지 꿈을 꾼다. 물론 그 꿈들을 모두 기억하는 것도 아니다. 그런데 우리가 꿈 해몽을 할 때에는 기억하는 꿈 기준으로 말한다. 이때 여러 가지 꿈이 기억 날 때 그 꿈들 사이에 잠시 깨어나는 틈이 없이 바로 넘어간 것처럼 여겨진다면 그 꿈들의 방향성은 같다는 것이다. 아주 살짝 의식이 돌아와서 다시 잠이 들어도 연결된 꿈이 아니다. 잠시의 간극도 없이 이어서 꾼 꿈만이 소재는 전혀 달라도 다 같은 방향성을 지니고 있다. 여기에 대해선 실제 사례를 들어 다음에 자세히 설명해보겠다.

넷째, 국물이 있는 음식을 먹는 꿈은 대부분 감기가 걸리는 꿈이고, 어린아이가 나오는 꿈은 거의 근심과 걱정거리 상징이다. 흉몽인 셈이다.

일대일 대응식의 꿈풀이는 지양하는 편이지만, 이것은 정말 여지없이 잘 맞아떨어지는 상징코드이기 때문에 요약해 본다. 아주 분위기가 좋고 기분이 들뜬 꿈속 상황이라고 하더라도 일단 국물이 있는 음식을 신나게 먹는 꿈을 꾸었다면 감기에 조심하라. 반드시 감기 걸릴 일이 생긴다. 이런 꿈을 꾼다면 대부분 많이 피곤한 상태이든지, 생체 리듬이 깨지는 생활을 근래에 했든지 해서 몸이 평소보다 약해진 상태일 것이다. 이런 꿈을 꾼다면 푹 쉬면서 감기를 예방해야 할 것이다.

또 꿈속에 어린아이가 나오는 꿈은 아이가 어릴수록 근심과 걱정거리의 상징이다. 이 아이에 대한 상징 코드는 사람들이 자주 꾸고 중요하기 때문에, 실제 사례를 통해 나중에 따로 차차 알아보도록 하겠다.

다섯 째, 배설물 꿈은 소량이면 망신, 창피를 상징하므로 흉몽에 가깝다. 하지만 대량이면 재물 등을 상징하며 길몽이다.

우리는 배설물 꿈을 자주 꾼다. 배설물이란 우리 몸에서 나오는 똥, 오줌, 비듬, 눈물 등이다. 이 배설물들이 꿈속에서 소량이 나오면 망신을 당할 일이 있거나 일이 좀 잘 안 풀리는 불쾌한 경험을 할 수 있다. 하지만 대량으로 배설물 꿈을 꾸면 재물이나 좋은 일이 생길 것을 암시한다.

위의 다섯 가지 법칙에 대해서는 이 책의 다른 부분에서 계속 실전 사례를 통해 자세히 알아볼 것이다. 여기선 세 번째 법칙인 '잠에서 깨지 않고 여러 가지 꿈을 연달아 꾸면 다른 소재라도 같은 방향을 가리킨다'는 부분에 대한 실제 사례를 보고 가자.

참고로 이 책에서 계속 나오는 '실제 사례'는 원본의 문체를 가능한 그대로 살렸다는 걸 이야기해둔다. 왜냐하면 꿈을 글로 적는다는 것은 그 행간에도 꿈의 기억들이 은연중 묻어날 수 있기 때문에, 문체를 될 수 있는 한 살렸다. 그래야 독자들에게도 꿈을 꾼 사람의 심리 상태가 그대로 전달될 수 있기 때문이고, 또 꿈 내용의 생생한 전달이 더 쉬울 것 같아서이다.

'꿈은 말한다' 게시판을 통해 내가 깨달은 것이 있다. 예전에 구두로 전해 듣던 상대방의 꿈 이야기보다 이렇게 자신이 직접 적는 게 훨씬 꿈 내용을 풍부하게 볼 수 있고, 또 꿈을 꾼 사람의 무의식 상태도 그대로 드러난다는 걸 알게 되었다. 그래서 꿈일지는 정말 필요한 것 같다. 여러 번 강조하는 이야기지만, 더 정확한 꿈해몽을 원한다면 꼭 꿈일지를 작성하기 바란다.

그래야 자신의 꿈 흐름도 계속 탐색해볼 수 있다. 『꿈은 말한다』의 저자 테레즈 더켓은 같은 책 91쪽에서 꿈을 알기 위해서는 먼저 꿈을 기억하겠다는 의지가 중요하다고 한다.

일단 꿈을 기억하겠다는 마음부터 먹어야 한다. 꿈 일기를 쓰거나, 꿈을 꾸다가 렘수면 단계에서 깼을 때 바로 기록할 수 있도록 머리맡에 램프와 수첩과 필기구 등을 놓아두면 좋다(확실한 방법이다!). 의도적으로 렘수면 단계에서 잠을 깰 수도 있다. 자는 사람을 보면 언제쯤이 렘수면 단계인지 안다. 눈꺼풀이 떨리면 렘수면 중이다.

이 렘수면을 포착하는 것이 중요하다. 렘수면은 90분 주기로 반복되며 잠을 자는 동안 점점 더 자주 반복된다. 늦게까지 자는 날 렘수면 단계에서 깨기가 쉽다. 렘수면 단계 중 꿈을 기억하기에 가장 좋은 때는 밤에 잠을 푹 잔 다음 깨기 직전에 오기 때문이다. 사람들은 대부분 평소보다 더 편한 마음으로 늦게까지 자는 주말에 꿈이 더 잘 기억난다고 한다.

다음 꿈의 사례를 통해 꿈일지를 얼마나 자세히 기록할 수 있는지도 살펴보고, 어떤 꿈의 흐름이 나타나는지 등 여러 가지 관점에서 한번 잘 읽어보기 바란다.

실제 사례 *mail****'님의 꿈(2014. 10. 15.)

좋은 아침입니다. 어제 새벽에 꿈을 꾸고 깨어나 정말 서글프게 펑펑 울었습니다. 평소에 꿈에서 누가 죽어도 펑펑 소리 내어 운 적은 단 한 번도 없었는데 말입니다. 세 가지의 꿈을 꾸었는데 차례대로 적어보겠습니다.

내용상 모두 터무니없는 꿈이긴 합니다. 그럼에도 왠지 제 심리적인 것도 반영된 것 같기도 하고 제가 슬피 울 정도의 감정이 느껴졌기에 적어봅니다.

[1] '출퇴근길 부근 구경' 꿈

꿈속의 배경 장소는 실제 저와 몇 달 전 헤어진 남자친구가 출퇴근하는 장소였습니다. 제가 좋아하는 곳이기도 합니다. 한편으로는, 그 남자친구도 출퇴근하는 길이기에 혹시나 마주칠까 그것이 싫어 무의식적으로 눈치를 살피는 곳이기도 합니다. 꿈속에서는 이 장소가 실제보다 큰 규모로 표현되었고, 다른 골목으로 들어가니 시장 풍경이었습니다.

저는 혼자 있었습니다. 신이 나서 여기저기 둘러보며 돌아다녔습니다. 시장 풍경이 시작되는 골목으로 들어가기 전까지는 남자친구와 혹시나 마주칠까봐 그것이 두려워 살짝 눈치를 본 것 같습니다. 시장 풍경이 시작되는 골목으로 들어가 이것저것 구경을 하며 즐겼습니다.

이후의 내용은 많이 유치해서 글로 적기엔 민망한데요. 한참 동안 구경을 하다가 시장 속에 자리 잡고 있는 누추한 어떤 집으로 들어갔습니다. 그 집에서의 상황들은 기억이 나지 않고 그곳에서 나와 하늘을 날며 계속 마녀 같은 것을 피해 달아나고 있었습니다.

그러고는 날아 도망쳐 숲 같은 곳에 들어가게 되었는데요. 계속해서 피해 달아났습니다. 유치하긴 하지만 마녀인지 뭔지가 저를 잡기 위해 마법을 부려 자연의 힘까지 빌렸습니다. 허무맹랑한 꿈이지만 연달아 꾼 다른 꿈들과 연결이 될까 하여 적어 봅니다.

[2] '동생 부대 방문' 꿈

꿈속 배경은 꿈속에서의 느낌으로는 동생이 있는 소속 군인들이 교육받는 듯한 곳이었습니다. 같은 군의 여러 부대 군인들이 모여 있는 듯했습니다(군대에 대해 잘 알지 못해, 제가 사용한 단어들이 적합한지 모르겠습니다).

동생 면회를 갔고(그날은 가족들 면회 날인가 봅니다) 모두가 식사하고 있는 분위기였으며 장소가 굉장히 컸고 야외였기 때문에 바다은 흙바닥이었습니다. 또한 교육을 받는 곳이라서 그런지 설치물들이 있었던 듯합니다(야외였습니다).

제 친구들(왜 등장했는지는 모르겠으나)과 배식을 받으러 가는데, 배식을 받기 위해서는 훈련을 위해 만들어 놓은 듯한 커다란 설치물(나무로 구성되어 있었으며 높았음)의 계단을 올라야만 했고 뿐만 아니라 반대 쪽 큰 설치물까지 건너야 했습니다.

훈련 구조물처럼 생긴 나무다리였고, 그 나무다리는 한 뼘 정도 폭의 나무판자로 이루어져 반대 구조물까지 이어진 흔들다리였습니다. 훈련을 받는 군인들도 식사를 하기 위해 모두 흙바닥에 앉아 있었고 그 수가 굉장히 많았던 것 같습니다.

전 평소, 원피스 중 가장 예쁘다고 생각하는 몸매가 살짝 드러나는 흰 색의 짧은 원피스를 입고 있었습니다. 계단을 오를 때와 나무다리를 건널 때 원피스가 매우 짧아 뒤나 아래에서 치마 속이 보일까 신경이 쓰였습니다. 계단을 올라가다가 뒤를 돌아봤는데 한 쪽에서는 군인 아이들 중 한 친구가 저를 보고는, 좋아하면서 흔히 여자의 몸매를 표현하는 손짓을 하고 있었습니다.

순간적으로 문득 헤어진 남자친구가 생각이 났습니다. 저는 속으로 '나, 이런 옷도 입었다!'라는 식의 생각을 했습니다(약간의 고소한 마음으로?). 그 이유는…… 실제 그 남자친구가 지적했던 종류의 옷이었기 때문입니다. 제가 고소해 했던 이유가 아마도 남자친구가 지적하는 종류의 옷을 입고 있었고, 다른 사람으로부터 주목을 받았기 때문이 아닐까 합니다.

하여튼 결국 원피스를 입고 나무다리를 건너다가 미끄러졌습니다(넘어졌는지까지는 잘 기억이 나지 않습니다). 아마 치마 속이 보였을 겁니다. 그래도 평소에 속바지를 잘 입고 다니기 때문에 개의치 않아 했습니다. 그리고 밥 먹겠다고 실내에 자리를 잡았는데 제 대학교 동기들이 옹기종기 모여 앉아 있었습니다. 그 중 한 친구는 예전에 제가 남자친구와 헤어지고 얼마 지나지 않았을 때도 등장했던 친구인데요. 그때 꾸었던 꿈은 남자친구와 결혼하는 꿈이었습니다. 남자친구의 얼굴이 바뀌었는데 바뀐 얼굴이 그 친구였습니다. 어제 꾼 꿈에서, 과거에 꾸었던 그 결혼식 꿈을 인지하고는 '또 네가 등장하는 거냐……'라고 생각했습니다.

그리고 다음 꿈으로 넘어갔는데……, 다음 꿈을 꾸면서 그리고 꾼 후 깨어나 펑펑 울었습니다.

[3] '동생의 죽음' 꿈

꿈속에서 저는 여러 동네를 휘젓고 다녔습니다. 그리고 정말 뜬금없지만 좀비들의 세상이었습니다. 이 꿈의 앞 내용은 잘 생각이 나지 않지만 부모님을 어딘가에 두고는 저와 동생1, 친척 동생, 동생2, 동생2의 군 동기와 함께 좀비를 피해 도망 다니고 있었습니다.

어떤 2층집에 들어갔다가 좀비가 있는 것을 알아채고 다들 도망을 나오고 있었습니다. 가위가 꽂이에 꽂혀 있는 것을 보고 저는, 무기가 될 만한 것을 가져가자며 꽂혀 있는 가위 여러 개를 챙겼습니다. 좀비들을 피해 다니다가 자동차를 구해야겠다 싶었습니다. 마침 골목길가에 한 흰 색 스포츠카 문이 열려 있었고, 열쇠가 꽂혀 있었는지는 모르겠지만 운전이 가능했습니다. 다들 그 스포츠카에 탔습니다. 저는 조수석에 탔고, 동생2, 친척동생, 동생2의 군 동기는 뒷좌석에 탔습니다. 그리고 동생1이 운전석에 탔던 듯합니다.

저는 속으로 '얘 운전 못할 텐데, 내가 운전 더 잘할 텐데'라는 생각을 했고 동생1이 운전을 하다가 갑자기 가수 지드래곤으로 바뀌었습니다. 운전을 참 잘하더군요. 스포츠카 뚜껑이 열려 있었고, 저는 계속 운전자에게 빨리 뚜껑을 닫으라고 재촉했습니다(좀비들이 바깥에 득실거렸습니다).

뚜껑이 천천히 닫히는데 너무 답답했고 불안했습니다. 뚜껑이 닫히는 찰나에 난폭해 보이는 좀비가 차 위에 올라탔고, 동생2가 내쳤지만 좀비에게서 얼룩덜룩한 칼로 복부를 찔렸습니다. 복부에서 피가 나는 듯 했는데 철철 쏟아지지는 않았습니다. 동생은 숨이 겨우 붙어 있었고 너무 고통스러워 보였습니다.

나머지 친구들과 저는 저렇게 고통스러워서 천천히 숨이 끊기는 것 보다는 고통스럽지 않게 빨리 보내주는 것이 낫다고 판단하였고, 누군가 칼로 동생2의 목을 그었으며 그 부위에서 붉은 피가 올라왔습니다. 저는 너무 슬퍼서 흐느꼈습니다. 군 동기는 자기도 같이 따라 죽겠다며, 부대에서 훈련 받을 때, 제 동생과 함께 짝이었고, 전쟁시에 둘 중 한 명이 죽을 경우 따라 죽으라고 지시 받았다며 계속 죽겠다고 했습니다.

그러더니 자신들 부대에서는 흔적도 남기면 안 된다고 훈련받았으며 지문을 없애려했습니다. 지문을 칼로 썰더니(피가 나거나 하지는 않았습니다), 그 부위를 밋밋하게, 완벽히 없애기 위해 지우개에 문질렀습니다. 꿈 속 상황에서 지문이 완전히 없어진 상태는 아니었고, 반 정도 남아 있었습니다. 아마 그 행동을 반복하여 지문을 완전히 없애려고 했나 봅니다.

전, 지금은 전쟁 상황이 아니지 않느냐며 죽지 말라고 설득했습니다. 저의 설득에 그 친구는 카톡 프로필 사진을 보여주었습니다. 그 사진을 본 저와 함께 차에 타고 있는 친구들은 더 이상 설득하지 않았습니다. 사진은…… 동생2와 군 동기가 함께 푸른 바다의 검은 바위 위에서 수영복을 입고 찍은 사진. 한 장의 사진을 각각 본인들이 나온 부분만 자르기 편집하여 프로필 사진으로 해놓은 듯했습니다. '그 두 개로 나뉜 사진을 합쳤을 때 비로소 하나의 사진이며, 둘 중 하나라도 없으면 그 사진은 의미가 없다. 그 중 둘 다 없다면 사진은 바다의 배경뿐이다. 고로, 두 남자는 하나이다. 한 명이 없다면 다른 한 명도 함께 가야 한다'라는 심오한 의미가 담겨 있다며 오히려 저를 설득시키더군요. 그리고 꿈에서 깨어났는데 슬픈 감정이 치밀어 올라 처음으로 꿈 때문에 엉엉 울었습니다. 그냥 심리적이거나 꿈속에서 상상의 나래를 펼친 것일까요?

답변

여러 가지 꿈을 꾸셨군요. 첫 번째 꿈은 님이 아직도 헤어진 남자친구를 못 잊어서 꾼 심리적 상황을 대변해주는 꿈이네요. 우연하게라도 출퇴근거리에서 만나고 싶다는 심리적 표현인데 마녀에게 쫓기는 건 그게 현실적으로 불가능할지도 모른다는 자괴감에 불안감이 나타나 쫓기는 꿈을 꾼 것입니다.

두 번째 꿈, 군대에 면회 간 꿈 역시 첫 번째 꿈과 마찬가지로 남자친구를 무의식적으로 찾아 헤매는 꿈이네요. 님의 무의식은 현재 헤어진 남자친구를 몹시 그리워하고 있군요. 그래서 이 꿈에서도 남자친구 대신 일단 친구들과 군인들을 출현시켜서 '내

가 이 정도로 괜찮고 뭇 남자들의 시선을 끄는데 네가 날 버려?'
라는 분노의 심리를 반영한 것입니다.

이 분노는 슬픔이 극에 달했을 때 나타나는 감정이죠. 일종의
헤어진 남자친구에 대한 원망의 마음이겠죠. 그리고 야외의 흙
상태가 어떠했나요? 진흙이었나요? 그 흙의 상태도 어쩌면 님의
심리를 나타내는 것일 수 있어요. 꿈엔 어떤 사소한 소재나 배경
도 그냥 나타나진 않으니까요.

이 세 가지 꿈들을 중간에 아주 잠시도 깨지 않고 연달아 꾼
꿈인가요? 하여튼 세 번째 꿈은 좋은 꿈이네요. 꿈속에서 누군가
가 죽는 건 좋은 꿈입니다. 게다가 피가 철철 넘쳐흘렀다니 소원
성취를 할 꿈이네요. 좀비들이 우글대며 쫓아오는 건 불안감의
상징인데, 그 불안감 속에서 좋은 일이 생긴다는 걸 말하죠. 님
의 연애 관계에 있어 좋은 일이 생기려나 보네요.

헤어진 남자친구와 다시 만나는 게 좋은 일일 수도 있겠으나,
혹은 새로운 남자친구가 생길 꿈같기도 하고, 어쨌든 님이 소망
하는 어떤 일이 성취될 꿈이네요. 그런데 그게 마음고생을 좀 하
면서 그렇게 될 거라는 걸 암시하는 꿈이군요. 좋은 꿈이니 슬퍼
하지 마세요.

꿈속 슬픈 감정은 좋은 일과 연관이 될 수도 있습니다. 꿈속에
서 혹시 펑펑 울다가 잠을 깬 건 아니죠? 그랬다면 더 없이 좋은
꿈인데 말이죠. 하여튼 마지막 꿈은 소망 성취의 꿈입니다.

mail* :** 첫 번째와 두 번째 꿈에 대해서 심리적으로 풀어주셨는데요. 항상 느끼지만 머리와 마음은 다른 것 같습니다. 무의식 중 저의 심리……. 시간이 지나 머리는 아니라고 말하지만 마음 한편에는 머리와 반대의 감정이 존재하나 봐요.

두 번째 꿈에서 흙의 상태는 학교 운동장 흙처럼 먼지가 날릴 것같이 건조했어요. 이러한 흙의 상태는 저의 어떠한 심리가 표현된 것일까요?

세 가지 꿈은 연달아 꾼 것 같으며, 세 번째 꿈에서 피가 '철철'까지는 아니고 동생이 티셔츠 같은 것을 입었던 것 같은데 칼에 찔린 부위 주변이 피로 젖었습니다. 혹시나 그래도 소원 성취할 꿈이라는 건 변함이 없을까요?

또 꿈에서 펑펑 운 것은 아니나 그냥 서글피 울다가 깨어난 것 같습니다(사실 잘 기억은 나지 않지만요). 마음고생을 좀 하면서 성취할 것이라는 것만 아니면 좋았을 텐데요. 이젠 마음고생 그만하고 싶어요.

답변 : 흙의 상태가 건조했다면 님의 무의식도 그와 마찬가지로 뭔가 갈증이 나고 있는 상태이겠네요. 허전함에 대한 갈증이겠죠. 그리고 피가 흠뻑 났으면 더 좋았을 텐데요. 꿈속에서는 더 많은 피를 보는 게 길몽입니다. 그리고 더 펑펑 울었으면 좋겠네요. 그래도 어쨌든 전체적인 해석에는 크게 달라질 건 없네요. 정도의 문제겠죠.

mail* :** 첫째, 둘째 꿈이 셋째 꿈과 이어져서 꾼다면 셋째 꿈은 총체적인 결과의 개념으로 나타나는 걸까요? 항상 궁금했던 점인데 최종적인 꿈은 그 앞에 꾸는 꿈들(간극이 없을 경우)과 연결되어 해석이 되는 것인지 궁금했습니다.

답변 : 여러 가지 꿈이 단 한 순간의 깸, 의식이 아주 살짝이라도 돌아옴의 간극 없이 이어지는 꿈이라면 그 꿈들은 다 같은 한 방향의 맥락을 지닌다는 겁니다. 연결되어 꾼 꿈들은 그 내용과 소재가 전혀 달라도, 형식과 표현면에서는 아주 조금의 일치가 없더라도 한 방향성을 띤다는 사실입니다.

연결된 꿈 중 한 가지가 좋은 꿈이면 다른 꿈들도 내용과 상관없이 마찬가지라는 거죠. 이 사실은 제가 '꿈은 말한다' 게시판을 운영하면서 밝혀낸 것입니다. 아마 다른 대중적인 심리학 저서나 꿈에 관련된 책엔 이런 내용이 안 나와 있을 겁니다. 전 심리학 전공은 아니지만 꿈에 관련한 심리학책들의 고전들과 대중적으로 나온 심리학책은 그래도 어느 정도 봤다고 할 수 있는데 그런 관련 정보는 없었거든요.

요즘 새로운 연구 결과면 모르겠지만 일반적으로 시중에 나오는 심리학이나 꿈 관련 책에는 제가 개인적으로 아는 한 아마 없을 겁니다. 제가 나중에 기회가 되면 이런 새로운 꿈의 메커니즘에 대해 공부를 정식으로 더 해서 꿈에 대한 논문을 쓰고 싶군요. 앞으로도 계속 이 게시판을 통해 새로운 사실들을 알아낼 수 있을 것 같거든요.

어쨌든 그런데 질문하신 내용에 더 답을 이어가자면 여러 가지 꿈이 간극 없이 꾸어진다고 하더라도 그 꿈들이 순서상 논리적으로 연결된다는 사실은 아직 발견하지 못했습니다. 최종 꿈이 반드시 앞의 꿈들의 총체적 결과로 나타나는 것도 아니고, 논리적 귀결로 마무리되지는 않는다는 사실이죠.

다만 그 꿈들은 낱낱이 다른 내용이지만 하나가 좋은 꿈이면 다른 것도 다 좋은 꿈이라는 거죠. 같은 방향성을 띠고 같은 색깔을 띤다는 거죠. 연결해서 꾼 꿈이라면 꿈 해석의 동일한 방향성이 있다는 사실이죠. 그래서 여러 가지 꿈들을 꾸고 났을 때 한 가지 꿈은 분명히 좋은 것 같은데 나머지 꿈들에 대해 확신이 없거나 애매모호하거나 걱정이 될 때 그 방향성을 가이드로 삼기에 아주 좋다는 거죠.

그 반대의 상황에도 적용하면 좋죠. 한 가지 꿈이 안 좋을 때 나머지 꿈에 대해 어떤 단편적 꿈의 소재 때문에 좋은 꿈이라고 착각해서 그날 조심하는 걸 게을리 한다거나 그 꿈을 소홀히 대하면 안 된다는 거죠.

이제 질문에 대한 답이 좀 됐겠죠. 궁금하신 점은 좀 풀리셨나요? 더 궁금하신 사항이나 애매모호하게 알고 있는 것을 확인하고 싶은 것도 언제든 질문 주세요. 아는 데까지 답변해 드릴게요.

mail*** : 아, 그렇군요. 알아 가면 알아갈수록 궁금증도 계속 늘어나는 것 같아요. 그리고 심리학에 관한 책을 읽으신 것 중에서 추천 받을 수 있을까요? 가까운 시일 내에는 읽기 힘들 것 같지만 인간의 심리에 대해 관심이 많거든요. 인간에 대한 심리 파악으로 그 사람에 대해 많은 것을 알 수도 있고, 인간의 심리는 재밌는 것 같아요.

답변 : 제가 읽었던 심리학책은 꿈과 관련된 것이 많죠. 고등학교 때 프로이트의 『꿈의 해석』을 읽고는 꿈에 대해 학문적으로 관심이 생겨 그 이후 융의 저서들도 접하기 시작했어요. 그런데 대학교 때 전공을 심리학으로 선택하지 않았던 건 심리학이 일반적으로 우리가 단편적으로 아는 것처럼 사람의 심리나 꿈의 해석 같은 걸 다루는 학문이 아니라는 걸 알게 되었기 때문이죠.

그렇게 흥미가 있어 보이는 건 아주 일부이고 거의가 생물학에 가까운, '문과인 듯, 문과 아닌, 문과 같은' 학과의 특성을 알고는 보다 더 인간의 본질적인 영역을 탐구하는 철학을 미련 없이 뒤도 안 돌아보고 선택한 거죠.

결과적으로 말하자면 역시 철학이 제 기질에는 더 맞았던 것 같아요. 심리학을 전공했더라면 생물학 같은 이과의 향기가 폴폴 나는 수업에 제가 적응을 잘 못 했을 테니까요. 그리고 심리학 역시 본질적으로 따지자면 철학에서 분리돼 나온 것이잖아요. 그러니까 모든 학문의 시작인 철학을 먼저 전공한 것이 제겐 올바른 선택이었던 것 같아요.

왜 이렇게 님의 질문에 대한 사설이 기냐면 보통 사람들이 흥미 있어 하는 건 사실 심리학의 아주 잔가지일 뿐이라는 거죠. 그래서 시중에 출판된 심리학 관련 책은 엄밀하게 말하면 심리학책이 아닐 수도 있다는 거죠. 그래서 님이 원하는, 사람의 심리를 알게 해주는 그런 책은 엄밀하고 솔직하게 말하자면 없다고 봐야겠죠.

심하게 말하자면 그냥 심리학책으로 가장한 자기계발의 수준 정도 되는 책들이 호객행위를 하는 것뿐일 수도 있다는 것입니다. 물론 저는 직업상 그런 책들도 다수 읽었지만 실제로 그런 책을 읽는다고 사람의 심리를 잘 알 수 있는 건 아니죠. 사람이란 존재가 그런 가벼운 책 몇 권을 읽는다고 알아지는 단순한 대상은 아니니까 말이죠.

그렇다면 님이 질문한, 사람의 심리를 알기 위해서는 어떻게 해야 할까요. 제가 답변드릴 수 있는 건 다방면의 인문학 관련서적과 고전들을 통해 인간이란 존재를 다각도로 알아가는 방법밖에 없습니다. 그 책들을 통해 시공간을 뛰어넘어 인간의 본성을 탐구하고 사색하는 방법뿐이죠. 또한 우리가 살아가면서 만나는 다양한 인간 군상들을 관찰해보는 것도 잊지 말아야죠. 그런 수고로운 방법만이 사람의 심리를 제대로 알 수 있는 방법입니다. 그래서 사람의 심리를 알기 위해 단편적으로 추천해드릴 책은 없습니다. 이게 정직한 제 답변입니다.

mail*** : 그렇군요. 좋다고 하는 심리학책을 읽는다고 해도 그게 전체적인 심리를 파악할 수 있는 것이 아니겠군요. 궁금증에 대해서 이렇게 자세하고 친절하게 답변해주셔서 정말 감사합니다.

한 주 시작부터 비가 내리네요. 내일까지 비가 온다니 우산 챙기시고요. 또 날씨가 매우 추워진다고 하네요. 감기 조심하세요.

개꿈은 없다

우리는 그냥 평범한 내용의 꿈을 꾸고 나면 "아, 개꿈이네!"하고 별 의미를 두지 않는다. 하지만 꿈속의 사소한 것들도 결국은 자신의 영혼의 숨결이고 중요한 무의식의 단서이다. 너무 무심히 넘기는 건 자기 자신을 방치하는 것과 마찬가지다.

'아는 만큼 보인다' 이 말은 역시 꿈에도 적용되는 것이다. 꿈에 대해 관심이 많은 사람들은 정신적 에너지가 좀 더 충만하고 정신적으로 진화가 더 된 사람들이다. 왜냐하면 꿈을 이해하는 능력만큼 미래를 알 수 있는 확률도 높아지기 때문이다.

인간은 그 자리에 머물러만 있으면 진화를 할 수 있는 게 아니다. 어느 날 한 원숭이가 직립보행을 한 것이 인간의 진화를 앞당겼듯이 인간 무의식의 계발도 마찬가지일 것이다. 일부 앞서가는 사람들이 진화의 시기를 앞당기겠지. 인간의 진화는 아직 끝난 게 아니다. 정신적 영역은 아직 기어 다니는 수준이라고 하면 너무 심한 진단일까.

미래를 예측하는 인간의 능력이 반드시 공상과학영화에나 나오는 게 아닐 수 있다. 먼 미래에는 인간의 정신적 영역도 진화가 더 많이 된다면 미래를 미리 아는 것이 일상화될지도 모른다. 지금 우리가 걸어 다니는 것이 일상이 된 것처럼 말이다.

그러니까 앞으로 어떤 사소한 꿈도 그냥 흘려보내지 말고 꿈 일지에 꼭 기록하도록 하자. 다음 실제 사례의 꿈도 언뜻 보면 그냥 일상적인 내용이라 '개꿈'처럼 의미 없이 치부해버릴지 모르지만, 꿈의 흐름을 보면 내면의 심리가 숨겨져 있다. 한번 살펴보자.

실제 사례 괴죄죄한 모습 : *mail****님의 꿈(2014. 10. 31.)

저는 양치도 세수도 안한 상태였습니다. 부모님과 함께 차를 타고 차를 잠시 정차해두었습니다. 아버지는 일 때문에 누구를 만나야 한다고 내리셨으며, 어머니도 내리셨습니다. 어머니께서는 일 때문에 가는 것이니 너도 함께 가라며 내리라고 하셨습니다.

하지만 저는 씻지 않은 상태였기 때문에 누군가를 만나기 싫었고 차 안에서 나가기도 싫었습니다. 그래서 어머니께 난 양치도 세수도 안 한 상태인데 일적으로 만나는 분들을 어떻게 뵙냐며 나가기 싫다고 했으나, 어머니께서도 나도 씻지 않았다며 빨리 나오라고 하셨습니다. 화를 내시거나 하시진 않으셨습니다. 그러고 꿈은 끝났습니다.

님은 현재 자신의 상태가 꿈 그대로 꾀죄죄한 상태라고 생각하고 있는 겁니다. 이건 물론 꿈속처럼 겉모습이 아니라 심리가 그렇다는 것이죠. 자기가 마음에 안 들어 꿈처럼 밖으로 나가고 싶지 않다는 것이죠. 실제로 외출을 하고 싶지 않다는 것이 아니라 꿈은 상징입니다.

'밖'이라는 건 바깥, 심리의 바깥, 그리고 님 밖의 관계 등에 대한 심리적인 상징이죠. 그만큼 님은 요즘 대인관계도 맺기 싫고 (밖에 나가기 싫어하는 꿈의 상징처럼) 본인 스스로가 꾀죄죄한 상태라고 느끼고 있어요. 심리적으로 굉장히 다운돼 있는 상태가 그대로 꿈속에 상징으로 나타났네요.

이럴 때일수록 마음을 비우고 감정을 다스리는 게 제일 좋은 처방이겠죠. 물 흐르듯이 운이 바뀌는 때를 기다리는 게 좋을 것 같네요. 요즘 님의 꿈을 보면 좀 안 좋은 쪽으로 흐르고 있으니 다시 좋은 쪽으로 흐를 때까지 마음을 비우고 때를 기다리는 게 좋을 듯합니다.

꿈해몽은 또 다른 자신과의 대화이다

우리가 꿈해몽을 하는 것은 물론 예지몽처럼 신기하게 미래를 예측해주는 걸 미리 알고 싶어 하는 이유 이외에도 우리 자신의 진짜 속마음은 무엇인지, 무얼 원하는지 알고 싶어서이기도 하다. 꿈해몽은 우리의 무의식 속에 있는 또 다른 자신의 목소리를 알려주는 통로이다.

이렇게 다른 사람의 꿈을 보고 또 그 흐름을 살펴보면 꿈이라는 것이 어떤 방식으로 이루어지는지 쉽게 알아차릴 수 있다. 흔히 아는 사람이 꿈속에 등장하면 정말 그 사람과 무슨 일이 생기지 않을까 잠시 혼돈스러울 때도 있다.

하지만 꿈속 인물들은 실제로 그 사람이 아닌 경우가 많다. 때로는 그 아는 사람들이 자기 자신의 또 다른 자아가 분장하고 나타난 것일 수도 있다. 다른 사람으로 분장해서 자신의 속마음을 알려주는 셈이다. 자기 입으로 말해서 인정하기가 힘든 이야기들을 다른 사람의 가면을 씌우고 꿈속에 등장시키는 거라고 볼 수 있다.

다음 실제 사례의 꿈을 보면서 꿈의 구조와 흐름을 파악해 꿈의 변신에 익숙해지자. 그러면 가끔 낯선 꿈 때문에 당황스러워하는 경우도 많이 줄어들 것이다. 우리 자신의 꿈에 좀 더 편안한 마음으로 대처할 수 있도록 다양한 꿈들을 많이 접해보는 것도 필요하다. 꿈이 어떤 식으로 속마음을 내보이는지를 살펴보는 것도 잊지 말자.

실제 사례 차를 타는 꿈 : fj***님의 꿈 (2014. 1. 26.)

한번은 아빠가 운전하시고 저와 남자친구가 뒷자석에 앉아 있었어요. 아빠가 "너네 이제 결혼해야지"이러셨지만 제가 "지금처럼 연애하는 것도 좋아요"라고 대답했어요. 그리고 남자친구한테 "그치?"이렇게 물었는데 남자친구가 웃으면서 "응"이라고 대답은 했지만 아직은 뚱한 그런 느낌이 있었어요. 그 대답 뒤에 남자친구와 함께 내려서 손잡고 걸었던 걸로 기억합니다.

차를 타는 꿈은 어떤 의미를 가지고 있나요?

아버지가 운전하시고 님과 님의 남자친구가 뒷자석에 있는 이 꿈은 님의 심리상태를 나타내는 꿈 같네요. 이때 아빠는 진짜 아빠가 아니고, 님의 또 다른 자아이며, "너네 이제 결혼해야지"라고 말한 것은 님의 무의식의 표현이에요. 님은 그렇게 하고 싶은 거죠. 그런데 꿈속에선 본인으로 안 나타나고 아버지로 대신 나타나는 건 본인 스스로는 그 마음을 들키고 싶지 않은 거죠.

왜냐하면 그 뒤에 나오는 꿈 내용이 그걸 받쳐주고 있기 때문이죠. 남자친구가 응해주지 않는다는 걸 알고 있기 때문이죠. 님이 꿈속에서 "지금처럼 연애하는 것도 좋아요"라고 말하는 건 진짜 속마음이 아닌 겁니다. 진짜 마음은 아버지로 대신 되는 캐릭터가 말하게끔 하죠. 님은 남자친구에게 성가시게 안 하고 싶어서 겉으로는 그렇게 생각하려고 하는 겁니다.

남자친구는 꿈속에서 "응"이라고 대답은 했지만 뚱한 느낌……, 그 뒤에 남자친구와 함께 내려서 손잡고 걸었다……, 이

건 뭐냐 하면 님이 결혼을 재촉하지 않고 그냥 연애만 하는 길로 만족해야 남자친구와 손잡고 갈 수 있는 그런 관계밖에 유지할 수 없을 거라는 무의식의 반영을 나타내는 거죠.

이 꿈을 먼저 꾸고 두 달 여 뒤에 남자친구가 운전하는 차 꿈을 꾸었다는 건 보다 더 님이 자신감을 가졌다고 할까, 무의식을 보여줬다고 할까, 그런 양상을 보여주는 겁니다. 하여튼 님은 남자친구와 결혼하고 싶어 하는 게 더 속마음입니다. 꿈속 아버지는 님의 무의식 속 자아이니까요. 그 캐릭터를 등장시켜 본인의 속마음을 드러내고 있는 겁니다.

fj*** : 아……, 네 맞아요. 헤어진 남자친구와 결혼하고 싶어 하죠. 제 심리 상태의 꿈이었군요.

답변 : 네, 이때 꿈속 아버지는 진짜 아버지가 아니고 님의 또 다른 자아에요. 솔직한 마음을 대신 말하기 위해 아버지로 분장해서 나온 거죠.

fj*** : 그럼…… 예지몽이라 말씀해주신 꿈들은 제가 불안한 마음이 좀 적을 때 꾼 거란 말씀이신가요?

답변 : 아니오, 불안해도 예지몽을 꿀 수 있죠. 예지몽은 강하게 상징되어 나오며, 미래를 알려주죠. 단지 심리를 반영해주는 꿈과는 다른 성격의 꿈이죠.

fj*** : 아아…… 불안하지만 그만큼 강한 예지몽이라 예지몽이라고 말할 수 있는 거군요. 이런 꿈들 경우에는 심리적 요인이 강해서 그게 꿈으로 나오는군요!

답변 : 불안할 때도 예지몽은 꿀 수 있는데, 미래를 알려주는 코드가 확실하고 강하게 포함되어 있는 꿈을 예지몽이라고 하죠. 그냥 보통 때에는 불안거나 불안하지 않거나 무의식을 반영하는 꿈들을 더 자주 꾸곤 하죠.
더불어 부가설명하자면, '상징'은 꿈의 도구입니다. 예지몽이든, 아니면 단지 무의식만 나타내는 꿈이든, 어떤 꿈이든 상징을 많이 사용합니다. 의식 속에선 우리가 논리적으로 생각하지만 무의식인 꿈속에선 비논리적이고, 왜곡되고 상징적인 표현을 많이 사용하죠. 그게 꿈의 메커니즘이죠.
그런데 꿈속에서 상징이나 왜곡이 많이 나타나는 경우는 꿈을 꾸는 사람의 심리가 불안하거나 복잡할 때 더 강하게 나타난다는 거죠. 『꿈은 말한다』에도 이러한 꿈의 구조를 잘 설명해주고 있죠.

fj* :** 아…… 그럼 이제까지 꿈꾸시면서 '이건 예지몽이다'라고 생각하셨던 것들은 실제로 이뤄졌나요? 궁금하네요.

답변 : 일단 저도 백 퍼센트 제 꿈을 해몽할 수는 없죠. 그러나 상대적으로 보통 다른 사람들보다는 꿈에 관심을 쏟은 시간과 노력이 많아요. 그렇기 때문에 해몽을 남들보다는 잘할 수 있고, 예지몽도 더 잘 알아볼 수 있죠. 또 제 꿈은 배경지식을 다 알고 있기 때문에 다른 사람 꿈해몽보다 훨씬 쉽죠. 제가 꾼 꿈 중에서 예지몽을 알아차린 꿈 중에 게시판에도 올렸지만 백호 꿈 이외에는 다 맞았어요. 그래서 제가 꿈에 대해 확신이 있죠. 백호 꿈도 사실 그 이후로 더 설명해주는 꿈을 나중에 띄엄띄엄 꿨는데, 너무 중요한 꿈이라 못 올리고 있어요. 나중에 실현되면 올릴 생각이에요

fj* :** 아하…… 확신하셨던 꿈은 다 맞았다는 말씀이군요. 전 아직 그런 경험이 없다보니 계속 '꿈이 정말 맞을까?' '진짜일까?' '그렇게 될까?' 이런 생각이 많이 들어요. 백호 꿈은 저도 정말 궁금해요. 꼭 실현되면 올려

주세요.

답변 : 네, 백호 꿈도 꼭 맞을 거라고 생각해요. 왜냐하면 그 이후로도 백호 꿈과 유사한 강한 암시의 꿈을 많이 꾸었거든요. 백호 꿈을 설명해주는 꿈들이었죠. 단지 때가 오지 않았기 때문이고, 곧 이뤄질 거예요. 또 다른 인생의 중요한 걸 예지해주는 꿈도 많았는데, 거의 다 맞았어요. 어떤 건 몇 년 이후에 일어난 것도 있고, 어떤 건 하루 지나 일어난 것도 있어요. 실현되는 데 기간은 다 달랐지만 꿈해몽대로 이뤄지더군요. 그래서 전 꿈에 대한 확신이 있는 거죠. 그리고 저 혼자만 그렇게 꿈에 대한 확신이 있는 것이 아니라, 『꿈은 말한다』 등 꿈을 연구하는 수많은 사람들의 증명과 다양한 사례들이 그걸 뒷받침해주는 것이죠.

fj* :** 백호 꿈이 실현되는 날을 기다려야겠네요. 저도 제 꿈에 확신을 주셨으니 기다려야겠어요. 그럼 더 그 꿈을 뒷받침해줄만한 꿈을 꾸겠죠. 어디선가 봤는데 중요한 일일수록 이루어지는데 시간이 오래 걸린다고 해요. 그런 말을 본 적이 있어요!

답변 : 백호 꿈은 아마 제가 여기 게시판에 안 올려도 자연히 아시게 될 수도 있을 것 같아요. '중요한 일일수록 시간이 오래 걸린다……' 그 말이 맞을 수도 있겠네요. 인생에 중요한 획을 긋는 일은 그럴 수 있겠죠. 아주 큰 운명 말이죠. 그런데 어떤 사람의 경우 십 년 이상 걸려 꿈이 이루어지는 일도 있었어요. 하여튼 많은 꿈들이 실제로 이루어지는 걸 저나 제 주변이나 또 책의 사례에서 확인했으니 님도 꼭 이뤄질 거예요. 확실한 예지몽은 꼭 이루어진다고 생각해요.

fj* :** 아, 정말요? 제가 자연히 알게 될 일이라니 더 궁금해지네요. 십 년이라……, 개인적으로 그렇게 오래 걸리진 않았으면 좋겠네요.

답변 : 앞으로 꿈을 더 기다려보죠. 꿈이 더 자세한 정보를 주겠죠. 꿈은

더 궁금해 하면 할수록 더 자세한 걸 알려주거든요. 님이 남자친구와 언제쯤 재회할지 제일 궁금해 하니까 꿈이 알려줄 거예요.

fj*** : 네, 감사해요. 또 제 꿈 이야기를 올릴게요. 도움이 되었으면 좋겠어요.

답변 : 네, 도움이 아주 많이 됩니다. 님처럼 한 사람 꿈을 지속적으로 해몽하고 있으니까, 꿈해석에 대해 더 체계적으로 알게 되는 것 같아요. 또 그동안 축적해두었던 꿈에 대한 정보들을 확인해보는 계기도 되는 것 같네요. 앞으로도 '꿈은 말한다' 게시판에 많이 올려주세요. 잘하면 나중에 이 사례들로 책을 써도 될 것 같네요. 물론 님의 동의를 받아야 하지만요.

fj*** : 제 꿈이 현실로 실현되기만 한다면 저도 많은 것을 배우고 알게 되었으니 좋지요! 또 꿈은 개꿈이라고 여기는 분들에게 신선한 충격으로 다가갈 수도 있지요.

3

컬러 꿈을 꾸면
천재 또는 광인?

컬러 꿈의 의미는 무엇일까. 보통 우리는 색깔이 없는 무채색의 꿈을 꾼다. 하지만 어떤 사람은 "아, 나는 매일 컬러 꿈을 꾸는데!"라고 외칠 수도 있다. 대부분은 아마 매일 컬러 꿈을 꾸진 않지만 가끔씩 꿈이 흑백이 아니라 빨간색, 초록색 등 컬러로 나올 때가 있을 것이다. 또 컬러 꿈을 일주일에 몇 번이나 꾸는지, 혹은 한 달에 몇 번이나 꾸는지는 사람에 따라 다르다.

나는 어릴 때부터 컬러 꿈을 자주 꾸어서 색깔이 있는 꿈에 대해 궁금증을 많이 가졌다. 흔히 꿈에서 색깔 있는 꿈을 꾼다는 건 그 사람이 창조적 에너지를 많이 가지고 있다는 걸 암시한다.

평소에는 무채색의 꿈을 꾸다가도 가끔 색깔 있는 꿈을 꾸면 특별히 그 꿈을 기억해야 한다. 강렬한 꿈은 항상 무의식이 꼭 전하고픈 메시지를 담고 있기 마련이다. 또는 컬러 꿈을 꾼다면 그 당시에 한창 창조적 에너지를 많이 발산하고 있거나 필요로

한다는 것이다. 그러므로 어쨌든 컬러 꿈은 좋은 의미이다. 컬러 꿈을 많이 꾼다면 창조적 에너지가 많다고 생각하면 된다. 예전에 내가 초등학교 다닐 때 아이들 사이에 그냥 떠도는 말이 있었다. 미친 사람이 컬러 꿈을 많이 꾼다는 것이었다. 그건 꿈에 대해 거의 알려진 것이 없던 시절 이야기였다. 돌이켜 생각해 보면 광기도 에너지가 많은 것이니 일면 통한다고도 할 수 있겠다.

창조적 에너지가 많은 사람들 중에는 예술가들이 많다고 한다. 예술가들 중에는 언뜻 보면 광기로 보이는 기괴한 행동을 하는 사람들도 때론 있었을 것이다. 그런 기인의 행동들이 보통 사람들이 얼핏 보기엔 미친 사람 같아 보이기도 했겠지. 그러니 그런 사람들이 컬러 꿈을 꾸었다고 이야기하면 미친 사람만 컬러 꿈을 꾼다고 와전됐을 수도 있겠다는 생각이 든다.

컬러 꿈을 꾸는 이유

아무래도 요즘 시대에야 괴짜 짓도 일종의 개성으로 통하는 세상이 되었다. 이제는 창조적 에너지가 더 많은 사람들이 이 세상에 유용하다는 걸 인식하는 사회 분위기이다. 하지만 예전에는 틀에 벗어나는 행동을 조금만 해도 그걸 '개성'으로 이해하는 것이 아니었다. 속된 말로 '똘끼'가 있거나 '미친 짓'으로 받아들이지 않았을까 싶다.

하여튼 컬러 꿈은 아주 멋진 꿈이다. 흑백텔레비전 시대에서 컬러TV 시대가 열렸을 때도 환상적이었다. 마찬가지의 그 짜릿한 충격처럼 무채색의 꿈이 어느 날 밤에는 찬란한 컬러로 나타난다면 환상적일 것이다.

때로는 꿈속에서 컬러로 나오는 대상은 한 객체에 국한될 수 있다. 꿈속 배경과 다른 건 모두 평소처럼 흑백으로 나오는데, 그 중의 한 가지 물건, 구두라든가, 뭐 어떤 대상 하나만 색깔 있는 걸로 나오는 경우가 많다.

내 경험으로도 꿈 전체가 컬러로 나오는 경우는 드물었다. 하나의 대상이나 몇 개의 대상만 색깔이 있는 꿈을 자주 꾸었다. 그리고 흔히 내 꿈에는 컬러 중에서도 원색이 많이 나왔던 것 같다. 빨간색, 또는 노란색, 초록색 등의 색깔이 자주 나타났다. 특히 기억에 남는 컬러 꿈 이야기를 해보자면 딱 한 가지가 먼저 떠오른다.

약 7년 전에 꾸었던 꿈인데 아주 생생한 꿈이다. 내가 우주의 어느 지점에서 지구를 바라보고 있었다. 그런데 그 지구가 마치 영화의 한 장면처럼 초록색으로 환하게 빛나고 있었다. 그러니까 이 컬러 꿈은 지구만 초록색이었다. 지구 주변은 밝았지만 전체적으로는 캄캄했다. 물론 그 속에 먼지처럼 보이는 은하수들이 하얀 색인지 약간 연한 불그스름한 색인지 정확히 기억은 안 나는데 반짝이고 있긴 했다.

다만 아직도 또렷하게 기억이 나는 건 지구의 색깔이다. 그 초록색이 너무 생생해서 마치 초록색 불을 켜놓은 듯이 지구가 환했다. 또 우주라는 그 광활한 느낌이 꿈속에서도 느껴졌다. 그즈음 SF영화도 딱히 본 게 없었기 때문에 그 꿈에서 깨어나서도 참 신기했다. 실제 같은 생생한 느낌이라 참 오래도록 기억에 남는 꿈이다.

돌아보면 이런 컬러 꿈을 꿀 무렵에는 정말 뭔가 창조적인 일을 하고 있을 때였다. 혹은 뭔가 아이디어를 떠올려야 할 때라든가 아니면 어떤 일을 새롭게 기획해서 시작하려고 할 무렵이었다. 이처럼 뭔가 계획을 세워놓고 새로운 일을 하려고 할 때 자주 컬러 꿈을 꾸곤 했다.

컬러 꿈은 꼭 천재나 미친 사람의 전유물이 아니라, 누구나 꾸는 꿈이다. 주변 사람들에게도 확인을 해보라. 그러면 누구나 컬러 꿈을 자주 꾼다고 답할 것이다. 단지 그 사람의 기질이나 에너지의 충만한 상태에 따라 그때그때마다 컬러 꿈을 꿀 뿐이다. 어떤 때는 흑백으로 꿈을 꾸고, 또 어떤 때는 컬러 꿈을 꿀 뿐이다. 그러므로 색깔 있는 꿈을 꾼다고 해서 너무 심각하게 고민할 필요도 없다. 컬러 꿈은 혼자만 꾸는 것이 아니라, 누구나 가끔 또는 자주 경험하는 흔한 꿈이기 때문이다.

4

배설물 꿈은 '다다익선'

이번에는 배설물에 대한 꿈해몽의 법칙에 대해 이야기해 볼까 한다. 흔히 '똥꿈'을 꾸면 재물이 생긴다고 한다. 하지만 꿈해몽에 있어 가장 피해야 할 것이 바로 이런 '성급한 일반화의 오류'라고 하겠다. 결론부터 말하자면 똥꿈도 똥 나름이다.

만일 꿈속에서 똥이나 오줌이 '거대하게' 많이 나오면 좋은 꿈이다. 이 '거대하게'에 포인트를 줘야 한다. 똥이 어마어마하게 많이 쌓여 있는 걸 보면 그건 일반적인 똥꿈에 대한 재물꿈이 맞다. 그러나 똥이 적게 있고, 또 그 똥이나 배설물이 자신의 옷에 묻으면 꿈해몽은 완전히 반대가 된다. 망신을 당하거나 창피한 일이 발생한다.

김유신 장군의 일화에 나오는 김춘추의 아내가 되는 김유신 장군의 동생 꿈에서처럼 오줌 꿈도 완전히 거대한 강을 이루는 것처럼 배설물은 뭐든지 '장대해야' 좋은 꿈이다. 그래서 꿈 풀

이를 할 때 꿈의 소재에 대한 일 대 일 해몽은 자주 빗나가서 소
위 '개꿈'이라는 한탄이 나온다.

"아, 이게 뭐야. 똥꿈을 꿨는데 재물은커녕 창피만 당하고……
완전 개꿈이네, 개꿈! 에잇, 꿈같은 게 맞을 게 뭐람!"

이런 경험을 한번 하고 나면 꿈에 대해 실망하고 관심도 사라
질 것이다. 이건 꿈에 대한 무지의 소산이자 꿈해몽이 잘못된 것
이지, 꿈 자체의 문제가 아니다. 『꿈은 말한다』의 저자 테레즈 더
켓도 이에 대해 같은 책 106쪽에서 이렇게 말한다.

"꿈에 나오는 상징을 고정시키는 것은 그 뜻을 한 가지로 못을
박는 것이다. 그렇기 때문에 그 상징에 다른 깊은 뜻이 있더라도
살펴볼 생각조차 하지 않게 한다. 의식과 무의식의 틈을 더 가깝
게 하려고 상징을 해석하는데 오히려 더 멀어지게 한다."

이처럼 일 대 일 꿈의 해석을 하는 건 꿈해몽을 틀리게 하는
지름길이다. 우리가 영어공부를 할 때에도 영어단어만 외워서
문장을 해석하면 완전히 다른 해석이 될 수 있듯이 말이다. 영어
해석도 문장의 상황에 따른 단어 해석이 필요하듯이 꿈의 해석
도 마찬가지다.

꿈은 무의식의 나침반

꿈은 그 꿈을 꾼 사람이 가장 잘 해석할 수 있다는 것도 키포
인트이다. 그 꿈의 상황을 누구보다 더 잘 알 테니까 말이다. 꿈

이 말하는 언어를 알 수 있으면 사실 그 꿈을 꾼 사람이 가장 자기 꿈을 잘 해몽할 수 있다. 『꿈은 말한다』는 바로 그 꿈을 해석할 수 있는 언어에 대한 중요성과 핵심에 대한 이야기를 담고 있다.

또 배설물에 대한 곁가지로 우리가 화장실에 가서 볼일을 보는 꿈은 한두 번씩 꾸었을 것이다. 특히 실제로 자기가 물을 많이 마시고 자거나 잠들기 전에 화장실에 가서 소변을 배설하지 않고 잘 경우 꿈속에서 화장실을 찾아다니는 꿈도 많이 꾼다.

이 경우 꿈속에서 시원하게 배설하는 꿈은 좋은 꿈이다. 그러나 이리저리 화장실을 찾아다녀도 모두 더럽기만 한 화장실이라 볼일을 볼 수 없었던 꿈은 좋지 않은 꿈이다. 실제로 자기가 소변을 보고 싶어 그런 꿈을 꾸더라도, 발단은 그렇더라도 꿈속에서 화장실이 더럽거나 하면 별로 좋은 꿈은 아니다. 불쾌한 일이 발생할 걸 예시하는 꿈이다.

또 화장실을 찾긴 찾았는데 문의 고리가 없다거나, 문을 닫아도 잘 닫히지 않거나, 누가 자꾸 보고 있는 것 같다거나 하는 꿈 역시 좋은 꿈은 아니다. 이런 꿈은 심리적으로 불안한 상태를 알려주고 있고, 현재 그 꿈을 꾼 사람의 심리 상태가 좋지 않다는 걸 알려준다. 걱정거리가 있다거나 불안한 시험을 앞두고 있다거나 하는 것이다.

이처럼 꿈을 잘 해석해보면 자신의 무의식의 상태를 체크해볼 수 있다. 진짜 자기 자신이 말하는 솔직한 마음을 들을 수 있다. 『꿈은 말한다』에서도 바로 이 점에 핵심을 두며 꿈의 해석에 대해 설명한다. 꿈이 얼마나 인간에게 소중한 가치를 지니는지 말이다. 꿈은 우리 무의식의 나침반이라고 할 수 있으며, 우리 심리적 메커니즘의 척도이다.

그렇다면 '무의식'이란 무엇인가. 계속 우리가 쉽게 사용하고 있지만 그 정확한 의미를 알아보는 것도 필요하다. 『꿈은 말한다』에서는 무의식이란 뇌와 몸에 저장된 기억, 감정, 느낌과 욕구의 집합이며, 행동에 영향을 미치나 자신은 보통 알지 못하는 것이라고 한다. 『꿈은 말한다』의 50쪽과 51쪽에 보면 이 무의식 안에서 '트라우마로 인한 불균형'에 의해 꿈이 형성되는 과정을 다음과 같이 알려준다.

트라우마는 궁극적인 스트레스로, 정신을 황폐하게 하고 내면 자아를 조각낸다. 트라우마를 겪는 것은 퍼즐을 엎어서 퍼즐 조각이 흩어지는 것과 같다. 반면에 트라우마를 치유하는 과정은 조각을 하나하나 찾아 다시 퍼즐을 맞추는 것에 비유된다. 양쪽 모두 아주 고통스러운 과정이다. 트라우마로 산산조각이 난 사람은 오랜 시간을 들여야 흩어진 조각을 주워 맞출 수 있기 때문에 집중적이면서도 광범위한 치료를 받아야 한다.

트라우마를 치유할 때는 두 가지 현상이 번갈아 일어난다. 무의식은 트라우마의 기억을 삼켜서 떠오르지 않게 한다. 그래서 트라우마를 당한 사람은 감정이 마비된 것처럼 무뎌진다. 그러다가 어느 순간 갑자기 번쩍 떠오르는 돌발적 기억이나 악몽으로 트라우마가 찾아온다.

이 두 가시는 오랫동안 번갈아 나타난다. 그리고 당사자의 의식은 이것을 거의 컨트롤하지 못하기 때문에, 트라우마의 성질을 잘 아는 사람이 치유해 주어야 한다. 특히 불쑥 떠오르는 기억은 그 충격이 너무 커서 정신병적인 불안을 일으킬 수 있다.

[중략]

의식의 에너지와 무의식의 에너지 사이의 균형을 맞추어 심리적 건강을 회복하고자 하는 와중에 불안도 자주 나타난다. 꿈과 친해지는 것은 이 에너지가 일정하게 흐르게 하여 의식과 무의식의 균형을 맞추는 방법 중 하나일 뿐이다.

자. 그렇다면 이젠 다음의 실제 사례에서 배설물 꿈이 무의식 안에서 어떤 방식의 다양한 상징으로 표현되는지 살펴보자. 배설물의 종류는 흔히 우리가 생각하는 대변이나 소변뿐만 아니라, '비듬'이라는 형태로도 나타난다. 또 다음 사례에서 배설물을 '재물'이라는 고정화된 상징으로 못을 박아서는 안 된다는 사실도 다시 확인할 수 있다.

실제 사례 비듬 꿈 : shi****님의 꿈(2014. 8. 16.)

꿈속에서 머리를 감은 것 같은데요. 거울을 문득 본 것 같습니다.

그런데 머리에 한가득 큰 왕 비듬이 머리카락 사이사이 한가득 있었습니다.

너무 소름 끼치도록 많아서 어떻게 하나 생각하는데 그 순간 친정집 외가 고종사촌 언니, 오빠들 식구들이 한가득 젊었던 시절 모습으로 집에 놀러온 것입니다.

저는 과일을 깎아 내와야 하는데 머리 비듬이 너무 끔찍하게 많고 커서 행여 그 모습을 들킬까봐 걱정하는 그런 꿈이었습니다. 머릿속 비듬이 그렇게 크고 수북이 쌓여 있었어요.

답변

네, 비듬 꿈이네요. 꿈속에서 분비물 꿈은 나쁘지 않습니다. 오히려 좋은 경우가 많죠. 비듬도 일종의 머리의 분비물이죠. 예를 들어 우리 신체의 가장 대표적인 분비물인 똥이나 오줌이 가득 쌓인 꿈은 몸에 묻지 않는 한 좋은 꿈으로 해석되죠. 또 얼굴에 붉은 반점이 많이 나있는 꿈도 좋은 꿈으로 봅니다. 더 상세한 해석은 그때그때 다르지만, 다 좋은 꿈으로 보죠.

머리에 비듬도 마찬가지죠. 그것도 가득 붙어 있었다면 뭔가 좋은 묘안이 떠오르시겠네요. 예를 들어 귀지가 많이 보이는 꿈도 좋은 소식을 듣는 꿈이거든요. 그렇다면 머리에 있는 비듬 꿈을 꾸었다면 비슷하게 유추가 가능하겠죠. 님이 고민하고 있던 일들이 해결될 기미를 보일 겁니다.

그런데 꿈속에서 그 비듬을 감추고 싶은 건 그 고민들을 들키고 싶어하지 않는 무의식을 나타내는 것이죠. 하여튼 님이 너무 고민을 많이 해서 나온 꿈인 것 같아요. 그 비듬의 양만큼 고민의 크기를 무의식적으로 상징화시켜 보여주는 겁니다. 나쁜 꿈은 아니니 긱징하지 마시고, 곧 해결책을 찾을 거라고 봅니다.

댓글

shi*** : 빠른 답변 감사드립니다. 항상 도움 말씀 고맙습니다. 힘이 나네요. 좀더 힘을 내서 열심히 노력하겠습니다. 아자, 아자!

5

심리몽 해석의 법칙

　꿈은 미래를 알려주는 예지몽도 있지만, 자신의 심리를 반영하는 꿈도 있다. 예를 들어 집 청소를 하는 꿈은 자기 마음속을 뭔가 정리하고 싶다는 심리의 반영이다. 꿈속에서 집이 몹시 더럽다면 그만큼 현재 자기 마음속이 어지럽다는 것을 의미한다. 그래서 집의 먼지나 더러운 걸 깨끗이 청소하는 것은 그 생각들을 정리하고 싶다는 심리의 반영이다.

　꼭 집이 아니더라도 청소하는 대상이 물건이라도 마찬가지다. 어떤 물건을 깨끗이 닦고 청소하는 꿈은 크게는 비슷한 꿈 풀이의 메커니즘을 나타낸다. 하지만 더 세밀하게 들어가자면, 그 물건의 속성이나 상징에 따라 좀 더 깊은 꿈 풀이를 할 수 있다.

　한편 비를 맞는 꿈은 심리몽보다는 예지몽에 속한다. 꿈속에서 비의 양이 많으면 많을수록 좋은 꿈이다. 또 비를 많이 맞을수록 좋다. 다만, 꿈속에서 비가 오더라도 자기가 우산을 들고 있어서 비를 안 맞았다거나, 비가 아주 조금 가랑비 정도 내렸다거나 하면 길몽의 강도가 낮아지는 것이다.

자, 다음 사례에서 관련 내용을 살펴 보자. 다른 사람의 꿈의 구조와 흐름을 보면서 그 해석을 함께 해보는 것도 꿈해몽에 가까이 다가가는 방법이다. '이것이 정답이다'라는 마음보다는 꿈과 보다 친근해지고, 또 그 구조와 흐름을 알아가는 하나의 훈련 방법으로 자주 접하면 좋을 것이다.

실제 사례 *ri****님의 꿈

안녕하셨어요. 정말 오랜만에 꿈을 꾸고, 눈을 뜨자마자 이렇게 또 여쭈러 왔네요. 오늘은 비가 와서 많이 쌀쌀해졌어요.

일은 잔잔히 진행되고 있고 생각보다 조금 지체되어 아직도 딱! 하는 결과(돈이 들어오는)는 아직 안 났어요. 하지만 좋은 쪽으로 계속 진행 중이에요.

오늘 새벽 3시경부터 계속 연결해서 꾼 꿈과 잠시 눈을 떴다 다시 잠이 들었을 때 꾼 꿈이에요. 약간 뒤죽박죽이긴 하지만 뭔가 계속 정리(?)하려는 꿈같은 느낌이 들었고 모두 다 컬러 꿈에 생생한 장면으로 기억됩니다.

[1] 빗속에 청소하는 꿈 : 2014. 4. 27.

장대비가 막 쏟아지는 넓은 마당 같은 곳이었어요. 여름이었어요, 비가 어찌나 억세게 내리던지 옷들이 금세 젖을 정도였어요. 저와 아빠와 엄마가 그 마당을 정리를 하기 시작했어요.

널브러져 있는 박스들을 정리해서 치우고, 엄청 큰 박스 안에(찢어져서 내용물이 쏟아질 것 같았음) 신발들이 가득 담겨 있었는데, 그걸 아빠가 들어서 창고 안으로 조심히 옮겨서 젖지도 쏟아지지도 않았어요.

엄마는 빗자루로 마당을 쓸고 계셨어요. 저는 후련하고 '아, 이제 좀 깨끗하다' 하는 마음으로 치우면서도 엄마한테 그렇게 짜증을 부렸어요. 근데 그게 진짜 짜증나서 부리는 게 아니라 약간 투정(?) 식의 짜증을 부리면서 "빨리 치우고 들어가" 뭐 이런 기분이었어요. 엄마도 그냥 반응도 별로 없이 "그래, 그래…… 치우고 들어가자" 이러셨어요.

마당을 거의 치워갈 즈음에는 진짜 저희 아빠와 엄마 그리고 저 셋 다 후련해했어요. 비도 계속 시원하게 장대비가 내렸습니다.

답변 1

안녕하세요. 오랜만이네요. 반갑습니다.

이번엔 장대비군요! 반갑네요. 어쩐지 꿈의 시작부터 좋은 느

PART 2 — 夢, 夢, 夢, 꿈의 펼침

낌이라 좋은 소식을 전해드릴 수 있을 것 같아 기분이 좋네요. 어쨌든 끝까지 하나하나 세밀하게 한번 살펴보도록 하죠.

장대비!, 비가 많이 오는 꿈은 좋은 꿈입니다. 시원하게 내리는 비를 보거나 직접 맞는다면 정말 좋은 꿈이죠. 소원 성취의 꿈입니다. 직접 그 비를 맞는 게 더 좋습니다. 옷들이 금세 젖었다니 흠뻑 비를 맞는 꿈이네요. 소원 성취의 꿈입니다. 지금 간절하게 원하는 일이 해결될 거라는 걸 알려주는 꿈입니다.

널브러져 있는 박스들을 정리해서 치우고, 엄청 큰 박스 안에 (찢어져서 내용물이 쏟아질 것 같음) 신발들이 가득 담겨 있었는데, 그걸 아빠가 들어서 창고 안으로 조심히 옮겨서 젖지도 쏟아지지도 않았어요.

'널브러져 있는 박스들을 정리한다……' 이건 꿈속 내용 그대로입니다. 님의 현재 마음속이 이렇게 꿈속 박스처럼 어지럽게 정리되지 않은 상태로 있는 걸 나타내고, 그걸 정리하는 마음의 치유 과정이죠. 회복 과정입니다. 신발들! 아, 중요한 상징 코드가 나왔네요. 신발들은 전에도 말했지만 신분, 지위, 자리, 위치 등과 연관이 있는 상징물이죠. '박스에 가득 담겨 있었다……', '그 신발들이 젖지도 않았다……', 좋습니다.

그런데 만일 이 신발이 젖으면 글쎄요……. 님 자신이 젖는 것과는 다른 의미로 해석되겠죠. 다 같은 비라도 꿈의 분위기에 따라 해석이 달라지는 거죠. 님 자체가 젖는 건 좋은데 이 꿈에서 느끼시겠지만 신발이 젖으면 안 되는 분위기잖아요. 그러니까 신발은 안 젖는 게 신발 자체를 보존하는 것이니 젖지 않은 게 천만다행입니다. 수많은 신발이 담긴 박스, 그건 님의 현재 상황, 일을 상징하는 것 같네요. 신발들은 님의 지위, 신분 등이고, 이걸 확대해석하면 님의 일거리를 상징하는 것이죠.

여기서 아빠는 님의 또 다른 자아일 수도 있고, 님을 도와주고 있는 다른 협조자일 수도 있어요. 하지만 중요한 건 그 사람이 누구냐 하는 것보다 신발을 안 젖게 옮겼다는 것에 핵심이 있습니다.

> 엄마는 빗자루로 마당을 쓸고 계셨어요. 저는 후련하고 '아, 이제 좀 깨끗하다' 하는 마음으로 치우면서도 엄마한테 그렇게 짜증을 부렸어요. 근데 그게 진짜 짜증나서 부리는 게 아니라 약간 투정(?)식의 짜증을 부리면서 "빨리 치우고 들어가" 뭐 이런 기분이었어요. 엄마도 그냥 반응도 별로 없이 "그래, 그래…… 치우고 들어가자" 이러셨어요.
>
> 마당을 거의 치워갈 즈음에는 진짜 저희 아빠와 엄마 그리고 저 셋 다 후련해했어요. 비도 계속 시원하게 장대비가 내렸습니다.

엄마 역시 마당을 쓸고 있었다는 건 정리하는 연장선입니다. 그리고 님이 치우면서 짜증을 부린 건 현실 속의 일들을 처리하면서 지쳐 있거나 짜증난 상황이 반영된 심리입니다. 무의식 속에서 님은 굉장히 스트레스를 받고 있는 상황이죠. 꿈 그대로 짜증나 있는 상황입니다. 뭔가 정리되지 않는 상황이 말이죠.

그게 서서히 해결되는 상황에서도 그 이전의 스트레스가 쌓여 나타나는 것이죠. '빨리 치우고 들어가', 이런 기분이라는 건, 이 어지럽게 널브러진 상황이 빨리 정리되고 끝났으면 하는 님의 무의식의 반영이죠.

그리고 '거의 다 치워갈 무렵', 이건 실제 현실 속 일이 다 해결되어갈 무렵을 나타낼 수 있죠. 또 '셋 다 후련했다……', 이 부분이 중요해요. 사실 엄마, 아빠의 캐릭터는 이 꿈에서 큰 중요한 포인트는 아니죠.

그저 님의 또 다른 자아 내지는 협조자 정도(의미 있는 협조자는 아님, 그 정도 강한 상징 코드는 없음)를 나타냅니다. 중요한 건 정리를 끝내고 '후련했다!'는 심정입니다. 꿈속에서는 느낌 그대로가 현실과 방향이 같습니다.

게다가 '비도 계속 시원하게 장대비가 내렸다!', 끝이 아주 좋은 꿈이군요. 마무리가 아주 좋은 꿈입니다. 이 꿈대로만 하자면 님은 다소 짜증은 나지만 어지럽고 얽힌 상황을 종결시키고 아주 시원한 결말을 맞이한다는 것이네요. 역시 예전에 님이 꿨던 어둠의 통로를 지나 밝은 햇살을 맞이하는 꿈의 끝 부분을 이 꿈이 좀 더 확대해서 보여주는 것 같네요.

좋은 꿈입니다. 좀 지치고 짜증나는 상황이 당분간 지속되겠지만 곧 장대비처럼 시원하게 해결될 것 같네요. 나중에 해결되는 소식 있으면 꼭 알려 주세요.

[2] 돌을 줍고, 운전하는 꿈 : 2014. 4. 27.

꿈의 배경이 우리나라는 아니었어요. 엄청 큰 돌(대리석&작은 타일)들을 땅속에서 파내는 곳이었죠. 그게 관광코스 중 하나였어요. 저랑 친구라는 여자 아이와 둘이 그곳을 방문했는데 이미 많은 사람들이 앞서서 그 땅속으로 돌을 주우러 들어간 상태였어요. 그 돌들은 기념품이 될 수도 있고 팔면 돈을 제법 받는다고 했어요.

들어가는 초입이 많이 험한 돌산 같아 보였어요. 저희는 그곳을 내려가는데 갑자기 저 위에서 대리석 조각 같은 걸 막 쏟아 넣었어요. 다행히 다치지 않고 입구에 있는 방처럼 생긴 첫 번째 동굴에 도착했어요.

굴 내부는 생각보다 많이 밝았어요. 그 굴 안에는 괴물들과 요정도 산다고 하는 이야기를 들었어요. 그 얘기를 듣자마자 더 아래로 내려가는 길목에서 털이 잔뜩 난 몸집이 커다란 괴물이 올라오는 걸 봤어요.

저는 황급히 한쪽 벽면에 벽장문처럼 나 있는 (허리까지 오는 크기의 나무 문) 문을 열고 들어가서 숨었어요. 그런데 그 괴물이 그 문을 딱 열면서 제 다리를 보더니 "에이, 뚱뚱해!" 라고 말했어요. 그러고 나선 제 얼굴을 보더니 "어? 얼굴이 너무 예쁘니까 나랑 살아야겠어" 하면서 절 끄집어냈어요.

그 순간 한쪽 벽에 얼음처럼 굳은 척 하던 제 친구와 어떤 한 사람을 봤어요. 속으로 '아…… 그냥 나도 저렇게 얼음처럼 굳어 있는 척 하면 안 들켰을 텐데……'라고 생각했어요. 어이도 없고 좀 신경

질이 났어요.

그 괴물은 절 끄집어내서 연못 같은 곳 가운데 있는 돌 받침대(연못에는 엄청 큰 악어가 있었음) 위에 제 친구와 같이 올려놓았어요. 거기서 미끄러지면 그냥 잡아먹히는 상황이었어요. 순간 친구가 그 연못에 빠지면서 제가 그 틈을 타 탈출을 했어요.

'혼자만 살아나왔구나……'라는 죄책감에 그 길을 벗어나는데 손바닥만한 사람부터 단계별로 한 5~6단계로 점점 커져 있는 미니미 같은 사람들이 죄다 한쪽 팔이 없거나 양쪽 팔이 없이(의수 같은 것을 달고) 박수를 치면서 "우리는 그래도 행복하고 희망적이야"라고 이야기를 하는 거였어요. 그러면서 "그러니 너도 힘내고 희망을 가져"라고 하면서 지나가는 저를 응원해주더군요. 눈물도 나고 힘도 나고 그랬어요.

그러다가 도착한 서울. 그 죽은 친구가 차가 있었는데 저희 엄마가 그 차를 사용하라고 하셨어요. 그래서 제가 "키가 어디 있어?"라고 물어봤는데 방 한구석에 진짜 키가 있는 거예요. 나가서 차를 봤는데 '검정색 페라리'더군요. 미숙한 운전을 걱정하며 차를 운전해서 유턴에 유턴을 하다가 웬 커피숍 앞에서 발렛 파킹을 맡기고, 누군가를 만났어요. 발렛을 맡기면서도 '어? 현금이 있나?' 하면서 가방 안을 봤는데 많지는 않지만 천 원짜리와 만 원짜리 돈 뭉치가 있었어요. 안심을 했죠.

속으로 '아, 친구한테도 미안하지만 좋은 차가 생겨서 좋고 키가 있어서 정말 다행이다'라는 생각을 했어요. 운전하는 내내 '아, 역시 엔진소리가 기가 막히게 좋구나……'하면서 내심 기분 좋아했네요.

그러다 친한 언니를 어디다 데려다 준다고 하며 나오다가 꿈에서 깼어요.

꿈이 조금 두서가 없네요. 그런데 꾸고 나서도 '이 꿈이 뭘 의미하는 거지……' 하면서도 '기분은 좋네'라는 뭐 그런 느낌이 들었어요.

현재 사업적인 일은 좋은 쪽으로 계속 진행이 되고 있어요. 저희가 제일 급한 것은 금전적인 게 빨리 허가가 나서 들어오는 건데, 그 부분은 조금씩 늦어지지만 곧 들어올 상황이에요. 그걸 저희가 오매불망 기다리고 있어요. 근래 새로운 인맥들을 많이 알게 되었고, 이사도 곧 가야 되는 상황입니다.

답변 2

네, 이 꿈은 스토리가 영화처럼 조밀하네요. 한번 봅시다. 한편으로는 이 꿈이 상징하는 것이 그리 어렵지 않네요. 님의 현재 상황을 드라마처럼 보여주고 있으니까요. 돌을 캐러 동굴로 다른 사람들과 함께 들어갔다……, 이건 현재 님의 상황과 많이 유사한 상징이죠? 님도 보면 알 수 있을 겁니다. 이 꿈은 좀 복잡은 해보이지만, 사실 아까 먼저 나온 장대비 오는 꿈과 비슷합니다. 구조가 비슷한데 이 꿈이 단지 좀 더 세밀한 거죠.

발렛을 맡기면서도 '어? 현금이 있나?' 하면서 가방 안을 봤는데 많지는 않지만 천 원짜리와 만 원짜리 돈 뭉치가 있었어요. 안심을 했죠.

속으로 '아, 친구한테도 미안하지만 좋은 차가 생겨서 좋고 키가 있어서 정말 다행이다'라는 생각을 했어요. 운전하는 내내 '아, 역시 엔진소리가 기가 막히게 좋구나……'하면서 내심 기분 좋아했네요.

이 부분이 앞의 꿈에서 장대비가 시원하게 쏟아지는 그 포인트와 닿아 있어요. 지폐 돈다발은 좋은 꿈입니다. 얼마나 많았나요? 가방 크기는? 돈다발의 크기는?

이 돈다발의 크기만큼 실제로 현실 속에서 님의 만족도가 비례할 겁니다. 참고로 동전 꿈은 안 좋습니다. 지폐 꿈은 많을수록 좋은 꿈입니다.

어쨌든 위에서 좋은 차가 생겼고, 차키가 있어 좋고, 엔진소리가 좋다……, 이건 다 좋은 상황으로 연결된다는 걸 상징하는 것입니다. 앞의 장대비 꿈을 좀 더 조밀하게 보여주는 꿈이라고 할 수 있겠죠.

'혼자만 살아나왔구나……' 라는 죄책감에 그 길을 벗어나는데 손바닥만한 사람부터 단계별로 한 5~6단계로 점점 커져 있는 미니미 같은 사람들이 죄다 한쪽 팔이 없거나 양쪽 팔이 없이(의수 같은 것을 달고) 박수를 치면서 "우리는 그래도 행복하고 희망적이야"라고 이야기를 하는 거였어요. 그러면서 "그러니 너도 힘내고 희망을 가져"라고 하면서 지나가는 저를 응원해주더군요. 눈물도 나고 힘도 나고 그랬어요.

이 부분은 님의 무의식이 현재 님이 처한 상황을 보여주는 것입니다. 이렇게 스스로 희망도 가지고, 눈물도 나고 하는 과정의 심리를 겪고 있는 님의 상황이죠. 그리고 그 앞의 상황, 이 꿈의 초반 상황인 괴물을 만나는 과정들 역시 힘든 님의 상황을 괴물이라는 상징을 통해 보여주는 것이죠.

아주 자세한 님의 무의식의 표현인데 그건 님이 신경질도 나고……, 하는 과정, 아주 세밀한 님의 무의식의 결을 보여주는 것이라, 제가 일일이 해석하긴 힘드네요. 님의 배경을 더 잘 알아야 하지만, 미래를 나타내는 부분은 아니고, 단지 님의 무의식을 반영하는 부분이니 제가 굳이 해석해드릴 필요는 없겠네요. 님이 잘 들여다보면 뭘 의미하는지 알 겁니다. 님의 무의식의 세밀한 결을 반영하는 거니까요. 님의 감정들을 반영하는 겁니다.

예를 들면 "땅속으로 돌을 주우러 들어간 상태였어요. 그 돌들은 기념품이 될 수도 있고 팔면 돈을 제법 받는다고 했어요" 이 부분에서 꿈속 돌들은 님이 처리하는 그 일거리일 수 있고, "돈을 제법 받는다고 했어요"라는 부분은 님이 그 일거리에 대해 가지는 인식을 나타내고 있죠.

이런 식으로 제 해석을 가이드 삼아 이 꿈의 앞부분과 중간은 님이 해석해 보는 게 더 빠를 겁니다. 자신이 지금 처한 상황과 심리를 님이 더 세밀하게 잘 알고 있을 테니까요.

어쨌든 이 꿈에서 중요한 포인트는 크게 봤을 때 장대비와 유사한 구조를 갖고 있다는 것이에요. 그렇기 때문에 일이 잘 처리될 것이라는 것만 제가 짚어주면 될 것 같네요. 이 꿈이 복잡해

PART 2 — 夢, 夢, 夢, 꿈의 뜻죽

107

보여도 단지 님의 무의식이 많이 표현된 것뿐이에요. 꿈의 구조만 크게 보자면 장대비가 오는 속에서 청소를 하며 정리하는 상황과 비슷하다는 겁니다. 좋은 소식이 들리겠네요.

ri*** : 가방은 큰 숄더 백이였어요. 돈뭉치는 그리 많지는 않았어요. 한 뭉치 정도의 지폐들이 가방 안에서 어지럽게 돌아다녔어요. 다음 주에 좋은 소식 전해드릴 수 있었으면 좋겠어요.

답변 : 네, 좋은 소식 기다릴게요. 장대비는 소원 성취하는 꿈이니 좋은 소식이 있을 거예요. 게다가 비를 흠뻑 맞았다니 틀림없을 겁니다.

6

길몽의 법칙

보통 우리가 꾸는 꿈은 그 전날, 혹은 자기 전에 보았던 사물들이 자주 꿈속에 소재로 등장한다. 그런데 그 사물들은 그냥 마구 나타나는 게 아니라, 어떤 의미를 보여주기 위해 단지 재료로만 사용된다. 우리가 내면 무의식의 어떤 의미를 상징하기 위해 그 재료들을 활용하는 것이다.

꿈속에서 아주 강렬한 상징으로 사용되는 호랑이, 용, 연예인, 대통령, 등등을 꿈속에서 봤다면 자기 전에 그 소재들을 본 것일 경우 강한 상징으로 작용하진 않는다. 단지 꿈의 어떤 메시지를 전달하기 위한 재료일 뿐이다.

하지만 꿈을 꾸기 전날이나 그날 그런 소재들이 일상생활에서 주어지지 않았는데도, 별로 그런 소재들이 인풋이 안 되었는데도 그런 꿈을 꾼다면 아주 강한 상징을 지니고 있다. 예를 들어 동물원에 간 일도, 텔레비전에서 딱히 호랑이를 본 일도, 평소

호랑이와 별로 상관없이 사는데 어느 날 꿈속에서 호랑이를 봤다면 아주 강렬한 메시지를 주고 있는 것이다. 그 자세한 꿈 해석은 그때그때 상황에 따라 다르기 때문에 딱히 여기서 구체적으로 설명하긴 어렵다.

하여튼 특별한 상징을 제외하고는 꿈에 나타나는 소재는 우리가 일상에서 자주 접하는 것들이 나오는 법이다. 그럴 경우에는 그 자체의 해석보다는 그 재료들이 모여서 무얼 말하고 있는지 상황적 꿈 해석이 필요하다. 그래서 재료 하나하나에 집착하지 말고 그 꿈의 전체 구성에 치중해 해석을 해야 할 필요가 있다.

대통령을 만나는 꿈

현실 속에서 대통령을 매일 보는 사람이 아닌 이상 꿈속에서 대통령이 보이면 앞으로 좋은 일이 생길 꿈이다. 현직 대통령이면 더 좋은 꿈이고, 전직 대통령이라도 꿈속에 보이면 진행되는 일이 성공 예감을 주는 꿈이라고 할 수 있다.

물론 인기 연예인도 마찬가지 맥락에서 해석을 할 수 있다. 꿈속에서 대통령이나 인기 연예인을 만나 식사를 하면 더 좋은 일이 생길 걸 암시하는 꿈이다. 하지만 꿈속에서 대부분 대통령이나 인기 연예인의 꿈을 꾸면 좋은 꿈이긴 한데, 늘 그렇듯이 예외도 있다. 아주 좋지 않은 상황의 꿈속은 꿈속 재료가 좋음에도 불구하고 안 좋은 꿈일 수 있다.

그러나 대부분 대통령이나 인기 연예인을 만나는 꿈들은 내용이 다 좋은 편이다. 꿈속에서 이렇게 높은 자리에 있는 사람을 만나거나 인기 연예인을 만나는 건 자신의 신분이 고귀해지거나 성공을 암시하는 꿈일 수 있다. 적어도 진행하고 있는 일이 잘 풀리는 걸 암시하는 꿈이다.

그런데 항상 이런 성공 예감, 대박 예감의 꿈들이 현실 속에서 이루어지는 시점이 중요하다. 이렇게 좋은 꿈을 꾼다고 해서 그 다음날 갑자기 좋은 일이 다 생기는 건 아니다. 그 시기는 알 수 없다. 빠르면 한 달, 일 년이 갈 수도 있고, 더 이상의 기간이 걸릴 수도 있다. 하지만 분명 좋은 일이 생긴다는 방향성이 있는 예지몽이기 때문에 기분 좋은 꿈이다.

특히 대통령이나 연예인 같은 유명인과 식사를 함께 즐거이 하는 꿈은, 정말 좋은 꿈이다. 앞으로 자신의 인생에서 뭔가 좋은 일이 기다리고 있을지도 모른다. 그냥 신발 하나 얻어 신는 것 같은 그런 작은 좋은 일이 아니라, 정말 뭔가 자기 인생에서 큰 좋은 일이 생긴다는 걸 의미한다. 복권을 사는 것도 좋은 방법이다.

물론 이런 꿈들이 모두 다 복권 당첨 같은 일을 상징하는 건 아니지만, 혹시 모르니 복권을 사보는 것도 괜찮은 선택이라고 할 수 있다. 만일 그 다음날 산 복권이 당첨이 안 되더라도 나중에 다른 좋은 일이 생길 것이니 그리 낙담할 필요는 없다. 하지만 언제 좋은 일이 일어나는지는 아직 그것까진 밝혀져 있지 않다.

대성통곡하는 꿈

이번엔 길몽 중의 하나인 우는 꿈에 대한 이야기를 해보자. 울음을 우는 꿈은 그나마 해석하기 좀 수월한 편이다. 상황에 따른 종류가 그리 많지 않기 때문이다. 일단 꿈속에서 울음을 터뜨리는 꿈은 좋다. 그러나 대성통곡을 해야 좋은 꿈이고 흐느끼는 꿈은 감정의 억제가 들어가 있기 때문에 크게 좋은 꿈은 아니다.

꿈속에서 엉엉 소리를 크게 내어 우는 꿈일수록 좋다. 질식된 감정의 해소가 따르기 때문에 현실 속에서도 기쁜 일이 일어날 것을 암시한다. 소리를 내는 강도에 따라 그 기쁜 일의 소문이 크게 날 꿈이다.

꿈속에서 울고는 있으나 속으로 참고 있는 꿈이거나, 찔끔찔끔 새어나오는 울음은 그리 좋지 않다. 무의식에서의 심리 상태가 억압된 걸 나타내기 때문에 자신의 현재 심리상태가 그만큼 억압되어 있다는 뜻이다. 그 심리상태를 암시한다. 어쨌든 꿈속에서는 아주 세상이 떠나갈 듯이 대성통곡하는 꿈을 꾸는 게 제일 대박의 꿈이다.

그리고 우는 꿈의 경우에도 꿈속 상황이 어떠했는지 그 상황을 연결해 해몽하는 게 제일 정확한 꿈의 해석이다. 단지, 이런 꿈에 대한 기본 정보를 갖고 접근하면 보다 쉽게 꿈이 말하는 목소리를 들을 수 있을 것이다.

『꿈은 말한다』에서도 자신의 내면 목소리에 귀 기울이려면 꿈의 가치를 알아라는 이야기가 나온다. 자기 안에서 말하는 자신의 목소리가 듣고 싶다면 지금 당장 꿈에 대해 관심을 가져라. 그리고 꿈이 자신에게 무엇을 말하고 있는지 귀를 기울여야 한다.

바로 그 꿈은 자기 자신의 무의식 세계이다. 당신은 지금 반쪽짜리도 안 되는 자신밖에 모르고 있는 것이다. 우리의 의식은 어마어마한 빙산의 일각밖에 안 된다. 그 나머지인 우리 자신의 무의식에 대해 알아야 우리는 자기 자신을 그나마 안다고 할 수 있을 것이다.

자, 자기 내면을 찾아 여행하고 싶은가? 그럼 지금 당장 꿈이라는 심리적 우주를 여행하는 UFO에 몸을 실으라. 이 우주여행의 아주 믿을만한 가이드인 『꿈은 말한다』를 꼼꼼하게 읽은 후 꿈의 세계를 향해 출발하는 것도 큰 도움이 될 것이다.

날아다니는 꿈

'날아다니는 꿈'은 어떤 의미를 지닐까. 흔히 어릴 때 날아다니는 꿈을 꾸었다고 하면 키가 크는 꿈이라고들 했다. 그러나 그건 그저 민간의 속설일 뿐이고, 날아다니는 꿈은 일단 심리적 억제의 해소에 해당한다.

사람은 깨어있을 때, 실제로는 날 수 없는 존재이다. 그러나 우리의 무의식 속에는 날고 싶은 욕망이 존재한다. 그래서 꿈속에서 날아다니는 꿈은 일종의 소원 성취이자, 욕망의 해소이다. 그래서 아주 잘 날아다니는 꿈은 좋은 꿈이다.

하지만 늘 말했듯이 '날아다니는 꿈'이 무조건 좋다는 식의 해석은 금물이다. 땅에 닿을듯 말듯 낮게 날거나, 날다가 떨어지거나 하는 꿈은 그리 좋지 않다. 이 날아다니는 꿈에 대한 아주 상세한 꿈의 해석의 예는 바로 『꿈은 말한다』에도 나온다. 정말 날아다니는 꿈을 실제로 꾼 사례를 들어 아주 세밀하게 해석해놓은 부분이 있다. 꿈꾼 사람의 심리 상태와 연결해서 예시를 들어 놓았다.

이 때문에 길몽의 법칙을 말하고 있는 여기선 일단 '날아다니는 꿈'이 아주 훨훨 날아다니는 경우엔 좋은 꿈이라는 것만 말해 놓겠다. 꿈속에서 자기 의도대로 방향을 잘 바꿔가면서 높이 날아다니는 꿈은 좋다는 말이다. 이때 '자기 의도대로'라는 부분이 핵심이다. 다른 건 다 그때그때 상황에 맞게 해석해야 한다.

꿈속 상징과 왜곡의 법칙

우리가 매일 밤 꾸는 꿈은 현실 세계와 달리 사물이나 사건이 많이 왜곡되어 나온다. 그리고 꿈속에 등장하는 인물들과 사물들은 실제 그 사람이나 사물이 아닌 경우가 많다. 그래서 꿈을 해석할 때에는 그 상징적인 의미를 잘 찾아야 한다. 꿈속 상징물의 의미를 찾는 작업은 숨바꼭질 같기도 하고, 또는 '숨은 그림 찾기'와 비슷하다고 할 수 있다.

상징과 왜곡이 가득한 꿈의 세계로 들어가는 건 마치 앨리스가 이상한 나라로 들어가는 것과 흡사하다. 아마 앨리스도 우리와 같은 기분이었을 것이다. 꿈속에서 어떤 식으로 사물이나 사건이 상징적으로 나타나는지 『꿈은 말한다』의 325쪽에서 327쪽에 나와 있는 테레즈 더켓의 설명을 따라가 보자.

내면의 세계가 여러분에게 여러분이 잃어버린 부분이나 보물을 찾아 길을 떠나라고 할 때는 언제인가? 커다란 구멍이나 터널, 지하의 통로나 동굴, 깊은 우물이나 바닷속과 같이 '아득한 아래'가 나올 때이다. 말라붙은 사막이나 어두운 골짜기가 보이기도 한다. 로빈은 결혼이 파경을 맞기 한 해 전 집 아래에 구멍이 나는 꿈을 많이 꾸었다.

"집 아래 큼지막한 구멍이 생겨서 계속 커졌고 집 옆에도 생겼어요. 살림살이가 다 구멍으로 빨려들어 갔어요."

로빈의 무의식이 로빈이 앞으로 떠날 아래로 내려가는 여정을 보여준 것이다. 로빈은 내면의 눈으로 앞날에 공허가 닥칠 것이라는 걸 미리 보았다. 실제로 결혼이 파국으로 끝나고 1년 뒤에 꿈에서 느꼈던 그 공허함이 찾아왔다. 다음의 꿈에서 로빈은 왜 그 길을 가야 하는가와 그 일이 곧 다가올 것을 알았고, 그 길을 헤쳐나가는 데 필요한 수단도 알았다.

"다른 사람들과 함께 지하 동굴을 탐험했어요. 그 동굴은 안락사와 관계가 있다고 했어요. 다른 사람들이 저만 두고 자기들끼리 깊이 들어갔어요. 두 명은 무사히 돌아왔는데 또 다른 두 명은 그 깊숙한 데서 미쳐 버렸어요. 저랑 돌아온 사람들은 동굴에서 머리카락에 묻은 끈적끈적한 것을 씻어냈어요. 그런데 제 딸이 보이지 않았어요. 딸이 아래로 내려갔다가 미쳐버린 사람 중 하나였던 거예요. 구하러 가려는데 아무도 저랑 같이 다시 내려가려고 하지 않았어요. 담요를 들고 혼자 그 동굴에 발을 들여놓는데 곰 한 마리가 보였어요. 곰에게 도와달라고 했더니, 도와주겠지만 먼저 화장실에 가야 한다고 했어요."

꿈에서 동굴 깊숙이 내려간 두 사람이 미쳤다. 이건 무의식의 영역으로 깊이 내려가면 정신병을 얻어 심리적으로 죽을 수도 있다는 두려움을 의미한다. 그러나 딸이 내려가 버렸기 때문에 구하러 가야만 했다. 온기를 위해 담요를 가져갔다. 곰이 도와주겠다는 건 위험으로부터의 보호와 길잡이를 의미한다.

이 꿈을 꾸었을 때 로빈은 꿈의 상징체계를 알지 못했다. 몇 년 뒤에야 원형의 상징체계가 있다는 걸 알았다. 처음에는 그냥 이상한 꿈이라고 흘려버렸다.

여기서 알 수 있는 바와 같이 우리의 꿈은 그 상징체계를 알지 못한다면 그냥 '개꿈' 또는 '이상한 꿈'이라고 흘려보낼 수밖에 없다. 하지만 꾸준한 관심과 끊임없이 꿈의 세계를 탐색하다 보면 그 상징과 왜곡의 메커니즘이 파악되는 순간이 온다.

자, 이제는 보다 가까운 우리 이웃의 꿈속 사물의 상징과 왜곡이 어떤 식으로 일어났는지 실제 사례를 살펴보자.

실제 사례 *fj*✳✳✳님의 꿈

---

[1] 바다에 간 꿈 : 2014. 4. 11.

친구들과 시내에서 바다에 가려고 만났지요. 신발이 좀 너무 딱 맞는 것 같아 처음 걸을 때 조금 신경이 쓰였지만 벗거나 하지는 않고, 친구들과 바다에 갔어요.

파도가 높고 심하게 치는 터라, 저희는 물에 들어가지는 않고 서서 구경만 했어요. 앞에 있는 사람들이 노는 것도 보고, "와! 파도가 높다. 파도가 저렇게 높게 치는데 다치면 어떻게 해?" 이렇게 말했던 것도 같아요. 그리고 파도가 한 번 쳤는데 그 파도가 저희가 서 있는 곳까지 와서 발을 적셨네요.

답변1

신발이 좀 너무 딱 맞는 것 같아 신경이 쓰였지만 벗거나 하지는 않고 친구들과 바다에 갔다……. 아무래도 같은 날에 꾼 꿈들이 회사 일을 상징하는 것 같네요. 이 꿈도 앞의 염색약 꿈과 교실 꿈에 이어 비슷한 상황인 것 같아요. 신발은 신분을 상징하는 경우가 많아요. 머리 색깔도 그렇고, 머리도 그렇고, 머리 쪽은 신분이나 직업을 나타내는 코드이죠.

그런데 여기서도 역시 신발이 딱 맞아 좀 신경이 쓰였다……. 뭔가 불만족스런 일이 있는 거예요. 완전히 판을 엎을 만큼 심각한 일은 아니지만,(염색약도 다시 잘 칠해졌고, 문제도 결국 술술 풀린 결과를 보면 알죠.) 그래도 뭔가 님에게 신경 쓰이는 문제가 발생한 것 같네요. 신분에 관계되는 일일 확률이 높죠. 꿈속 상징코드가 신분과 관련된 것이 많이 나오니까요.

그런데 바다에 들어가지 않고 구경만 했다……. 저렇게 높게 치는데 다치면 어떻게 해……. 이건 님의 무의식적 심리에요. 님이 현재 닥친 뭔가 주변의 문제에 대해 바라보는 관점이죠. 뭔가 그걸 적극적으로 해결하기엔 두려운 거죠. 다칠까봐…… 그래서 그냥 바라만 보고 있으려 하는 것 같군요.

결국 발을 적셨다……. 그 문제가 되는 상황이 님에게 좀 영향을 끼칠 것 같네요. 아니면 벌써 끼쳤던가……. 지나간 일에 대한 심리의 반영인지, 앞일을 이야기해주는 건지 잘 모르겠지만 그래요. 염색약은 이미 한번 잘못 물들여졌고, 교실에는 못 들어가고……, 일은 일단 잘못 저질러진 거예요. 그러나 결국은 해결되긴 하는데, 이 파도 꿈에서는 결국 바다에 빠진 건 아니지만 발을 적신 것이니 앞에서도 말했지만 피해를 좀 보긴 보겠네요. 님이 신경 쓰는 그 문제로 말이죠.

/ fj***님의 후기 /

처음 회사일이 틀어지기 시작할 때 꾼 꿈입니다. 계열사인 저희 회사가 인사이동을 시작하기 전 본사가 먼저 인사이동을 시작했는데, 그 모습을 보며 불안해했던 제 그때 당시의 상황을 꿈이 먼저 잘 보여줬습니다.

[2] 친구와 차를 타고 가는 꿈 : 2014. 4. 23.

제 친한 친구 두 명과 친구 차를 타고 도로를 달리다가 기름을 넣으려고 주유소에 갔어요. 셀프 주차장이었는데 차 두 군데에다가 기름을 넣어야 했어요.(꿈에서 느낌상 두 군데 넣어야 했어요. 앞좌석에 넣은 건 기억이 나질 않네요.) 전 뒷좌석에 있었고 친구 두 명이 앞에 있었는데, 친구가 기름 넣는 걸 제 쪽에 연결해줬어요.

저는 친구한테 "내가 기름을 넣을 테니 네가 스톱해" 이렇게 말하고 기름을 넣기 시작했어요. 기름을 넣다가 제가 멈추고 "계속 넣어?" 이렇게 말하고 친구가 조금만 더 넣으라고 해서 계속 넣었어요. 그리고 친구들하고 계산을 하는데 친구가 금액란에 7,900원을 입력하니 계산이 안 되는 거예요. 그래서 친구가 다시 79,000원을 입력하니 계산이 됐어요. 그러고 나서 제가 "기름 값 엄청 비싸네!" 이렇게 말하곤 다시 차가 출발하고 잠에서 깼어요.

답변 2

안녕하세요. 이 꿈의 전체 분위기상 직장일 같네요. 님이 뒷좌석에 앉았다……지금 관망 자세네요.

적극적인 액션 상태가 아니라 소극적 자세에요. 그렇지만 기름을 넣어야 할 순간에는 님이 직접 나서는군요. 친구는 연결해주고……. 이제 본격적으로 적극적인 자세로 나오네요. 그리곤 더 넣으라고 해서 넣었다…… 계산을 했다…… "기름 값이 엄청 비싸다" 이렇게 투덜거리고 다시 차가 출발했다…… 이렇게 꿈의 흐름을 따라 중요한 포인트를 재구성해보면, 뭔가 느껴지는 게 없나요?

직장 일에서 님이 뭔가 대가를 좀 치러야 된다…… 79,000원 정도……, 이 숫자는 크게 의미는 없는 것 같기도 해요. 님이 그냥 크게 생각하는 상징의 숫자일 것 같기도 하고, 아니면 79일이

지나야 뭔가 해결이 된다…… 이런 뜻일 수도 있어요.

하여튼 중요한 건 차가 계속 가기 위해선 뭔가 대가를 치러야 되는데, 그게 님이 꿈속에서 느끼는 것처럼 좀 '비싸다'라고 현실 속에서도 생각될 것입니다. 그 대가가 뭔지는 모르겠어요. 그러나 직장 일에서 님이 다시 자리를 잡기 위해서 그 정도의 대가를 치를 거라는 걸 암시하는 것 같기도 하네요.

예전에 님이 꾸었던 파도에 발을 적신 꿈의 그 '파도의 양'이 79,000원으로 표현된 것일 수도 있어요. 무슨 말인지 아시겠죠? 그때 발을 적셨을 때 그 피해 양이 예전 꿈에선 구체적으로 안 나왔지요. 하지만 이 꿈에선 숫자로 상징적으로 보여줄 수 있죠. 그때보다는 '좀 더 구체적'으로 나온 셈이죠. 그래도 어쨌든 '비싸다고 느끼긴 하지만' 기름을 넣고 차가 다시 출발했으니 다행인 거죠. 이 꿈에서도 마찬가지로 종국에 가서는 님이 고민하는 문제가 해결될 거란 이야기를 하고 있는 거죠. 정말 꿈이 이런 식으로 계속 다른 형태와 여러 표현으로 같은 메시지를 전하고 있는 게 놀랍군요!

fj*** : 아해! 그럼 예전 꿈에 나온 숫자도 많은 의미가 없을 수도 있는 건가요? 금요일쯤 발령이 날 것 같은데…… 걱정되네요! 업무 시간이 늘어날 것 같은데 뭐 그런 걸 의미하는 건지…….

답변 : 이 숫자가 언제 또 나왔죠?

fj*** : 예전에 790 비밀번호요. 그땐 앞뒤 내용 생각이 안 나고 비번 누르고 들어간 것만 생각났죠.

답변 : 그러게요. 님의 꿈엔 '79'가 자주 나오네요. 이 숫자와 특별한 인연은 없는 거죠? 그럼 여기서도 어쨌든 '79'가 나왔으니 의미가 있는 것일 수도 있겠네요. 그럼 이 꿈의 앞뒤 꿈은 생각이 안 나는 거죠? 님에겐 '79'가 참 묘하게 자주 나오네요. 이 꿈은 남친 꿈은 아닌 것 같은데…… '79'가 님에겐 어떤 해결의 상징 코드인가 봐요. 아주 특이하네요.

fj*** : 네, 저도 '79'라는 숫자가 뭘 의미하는지 모르겠어요. 예전에 꾼 '790' 꿈은 친척들과 함께 있던 차에서, 제가 내려서 어딘가로 들어갈 때 비밀번호였는데 '709'로 하니까 틀렸고, 790을 하니 들어갔지요. 출산 꿈이랑 같은 날 꿔서 남친 꿈이 아닐까 해몽해 주셨지요.

답변 : 이번 꿈은 남친 꿈은 아닌 것 같고…… 회사 일인 것 같은데요. 어쨌든 님에겐 79가 굉장히 특별한 의미를 지니는가 보네요. 아마 님은 잘 모르지만, 님의 무의식 속에 어떤 기억이 남아 있나 보죠.
하여튼 이번 꿈은 님이 좀 전에 해석한 게 맞지 않을까 싶네요. 업무 시간으로 해석해볼 수도 있을 것 같아요. 원래 자기 꿈의 디테일한 부분은 본인이 제일 잘 알거든요. 그쪽으로 감이 잡히면 맞을 듯합니다. 이 꿈 분위기로 봐서도 그럴 것 같고요. 하여튼 '79', 그 숫자의 정체를 저도 알고 싶군요. 앞으로 님의 꿈을 계속 분석하다 보면 언젠가는 알게 될 날이 올지도 모르겠네요.

fj*** : 네, 저도 두 번이나 같은 숫자가 나오니까 신기하네요. 지금 업무 관련문제로 본사로 올라가는 길인데 부디 꿈이랑 맞길 바랍니다.

답변 : 꿈이 맞아도 '엄청 비싸다'는 느낌처럼 뭔가 님의 마음이 상할 일이 생길 텐데요. 뭔가 손해 본 듯한 느낌…… 물론 이 꿈의 결과처럼 마무리

는 되겠지만, 그래도 뭔가 데미지는 생길 것 같은데요. 업무시간이 늘어나는 것 같은 님의 예측처럼 그렇게 될지도 모르겠네요.

fj*** : 네······, 저도 그렇게 생각하고 있어요. 마무리가 좋아서 다행이다······, 이 생각으로 마음을 다잡고 있어요.

답변 : 네, 님이 요즘 은근히 회사 일에 신경이 많이 쓰이나 봐요. 그러니 회사 관련 일이 자꾸 꿈에 나타나죠. 그래도 저번 꿈의 메시지처럼 데미지는 좀 입어도 결국은 만족하며 잘 마무리될 거라고 생각해요. 회사 일의 결과가 궁금하네요. 님이 지난 번 이야기했던 차선책의 부서로 가게 될 지 궁금하네요.

fj*** : 네, 그 부서로만 간다면 좋을 텐데요. 의식에선 회사보다 남자친구와의 재회를 더 신경 쓰고 있는데 무의식은 아닌가 보네요.

답변 : 그런가 보네요. 아무래도 바로 코앞에 닥친 일이라 그런 것 같네요. 의식과 무의식은 일치하지 않을 때도 많아요. 그러니까 무의식을 통해 우리는 우리의 진짜 마음을 더 잘 알 수 있어요. 그래서 무의식의 존재를 알아야 하는 이유도 되지요. 아마 님이 남친에 관련한 꿈도 꿀 수 있겠지만, 이 꿈이 더 기억에 남았겠죠. 그럴 수도 있어요.

fj*** : 그럴 수도 있겠네요. 이 문제가 해결되면 저는 또 다른 문제의 꿈을 꾸겠죠! 신기하기도 하고 떨리네요!

/ fj***님의 후기 /

이 꿈을 꾸고 해몽해 주실 때 회사일이 잘 풀리기는 하나 제가 어느 정도의 희생을 치른다고 하셨는데 실제로 소속이 변경이 되어 근무환경은 크게 달라지지 않았지만 하는 일이 더 복잡해지고 많아졌지요. 이 꿈을 꾸고 그 일이 일어나서 상당히 놀라고 신기했습니다.

[3] 버스에서 내리는 꿈 : 2014. 4. 30.

버스에서 내리는 꿈을 꿨어요! 버스를 타고 가고 있었는데 달리는 곳이 저희 시골에 있는 큰댁이었네요. 버스를 타고 가는데 저희 큰댁이 보였는데 노란색 옷을 입은 아빠였나? 아무튼 컬러 옷을 입은 아빠가 보였어요(얼굴은 기억이 안 나지만 꿈에서 느낌상 아빠였어요). 그래서 제가 "아빠가 있는 것 같은데……" 이렇게 말하면서 버스에서 내렸어요.

무슨 꿈일까요?

또 한 가지 꿈은 저희 가족이 이민준비를 하는지 영어를 배웠어요. 여자 외국인이 한국말로 문제를 내면 그걸 영어로 말하는 것이었는데, 외국인 여자가 문제를 내서 제가 맞힌 게 기억이 나요.

답변 3

오늘은 버스 꿈이네요. 버스는 단체를 실을 수 있는 운송 도구죠. 그래서 버스는 꿈속에서는 기관, 단체 등을 상징하는 소재일 수도 있어요. 물론 여러 차례 강조하지만, 『꿈은 말한다』에서도 늘 강조하는 말이지만, 일 대 일 소재별 꿈의 해석은 하면 안 됩니다. 무조건적인, 획일화된, 절대적인 꿈의 해석은 없죠. 그때그때 그 상황에 따라 꿈속 소재는 다른 걸 상징할 수도 있어요. 그러나 일반적으로 자주 나오는 상징의 의미로 그렇다는 것이죠.

이 꿈에서는 이런 일반적인 의미로 '버스'가 상징적으로 나온 것 같네요. 네, 님의 말대로 직장에 대한 꿈 맞아요. 버스는 직장을 상징하는 것 같은데 버스에서 내린다는 건 님이 곧 다른 데로 발령이 나는 걸 암시하는 것 같아요. 지금 있던 곳에서는 어쨌든 내리는 것이니까요. 그 무의식이 꿈으로 나타난 것 같군요.

큰댁이 있는 시골 마을을 버스가 달리고 있었다……, 이때 느낌이 어땠나요? 그에 따라 꿈의 해석이 많이 달라질 수 있습니다. 만일 평온한 느낌이었다면, 혹은 친근한 느낌이었다면 그 지점에 내리는 것이 괜찮을 수 있죠. 그렇다면 님이 지금 갈 곳, 즉 전근 발령이 날 곳이 그렇게 친근하게 될 것이라는 예시일 수도 있습니다. 그런데 꿈속 버스에서 내리는 곳이 낯선 곳이고 느낌이 안 좋았다면 가야 할 곳이 그럴 수도 있어요. 님이 보충설명을 올려주시면 좋겠네요.

그런데 그곳에 아빠가 있었네요. 전에도 바닷가 꿈을 꾸었을 때에도 발을 적실 때 아빠가 옆에 있었죠. 님이 직장 꿈을 꿀 때에는 아빠가 옆에 자주 있네요. 아마 물리적·심적 공간을 함께해서 그럴 것 같네요. 어쨌든 아빠가 있는 곳에 내리니까 안전하지 않을까요? 님에겐 아빠가 든든한 울타리 같은 느낌을 평소 주니까 아빠가 있는 곳에서 버스를 내렸다……, 그럼 안전한 곳에 착지를 하는 걸 암시하지 않겠어요? 전제가 맞다면 그럴 겁니다.

또 다른 꿈, 가족이 이민을 가기 위해 영어를 배웠다……, 이 건 앞의 꿈과 표현은 달라도 같은 내용 같네요. 이민을 간다는 건 아주 낯선 곳으로의 이주를 뜻하죠. 님의 무의식에서는 전근 발령이 그런 의미로 다가오는 것 같네요. 앞의 꿈도 기관을 상징하는 '버스에서 내린다……', 이 꿈에선 '이민을 간다……' 모두 다 같은 구조입니다.

그런데 '영어를 배웠다……', 그건 낯선 곳으로 가서 살 준비를 하는 것이죠. 님의 무의식 속에서는 벌써 새로 발령이 난 곳에 가서 대처할 마음의 준비를 하고 있는 것 같군요. 게다가 꿈 속에서 영어 문제를 님이 맞혔네요! 자신감의 표현입니다. 님이 새로운 곳에 가서 일할 때에도 잘 극복할 거라는 걸 알려주는 것 같군요. 적어도 그런 심리적 자세는 되어 있다는 걸 무의식이 말해주는 겁니다. 항상 의지가 강해 보이는 님의 자아가 무의식인 꿈에 매번 그대로 표현되고 있는 것 같군요!

/ fj***님의 후기 /

회사 관련 꿈 중 이 꿈이 제일 신기했는데, 한창 소속이 어떻게 변경될 지 전전긍긍하던 시기였어요. 제가 실제로도 아빠와 같은 곳에서 일을 하는데 그때 제 꿈을 해몽해주시길 아마 아빠가 있는 곳에서 버스를 타고 내렸으니 인사이동이 잘될 것이라고 하셨어요. 실제로 전 아빠와 함께 있던 현재의 근무지에서 일하고 다른 직원이 다른 곳으로 나가게 됐죠. 정말 신기하고 잘 맞았던 꿈입니다.

[4] 체육관의 코치 꿈 : 2014. 7. 14.

어제 꾼 꿈이에요, 저와 제 친구, 그리고 제가 다니는 체육관의 코치님이 나왔어요. 셋이 식당을 가고 있는데 제가 손이 너무 저렸나 봐요. 아프고 그랬더니 옆에 같이 걸어가던 코치님이 손을 주물러주고 저를 부축해주었어요. 친구가 보고 있다는 생각에 조금 민망하기도 했지만 그냥 식당으로 가서 김치볶음밥을 먹었네요. 그리고 식당을 나와서도 그 코치님이 계속 손을 주물러주고 부축해줬어요.

이후 제가 교실 같은 곳으로 다 같이 이동했는데 그 코치님 여자친구가 있어서 부축하던 팔을 뺐어요. 그랬더니 그 코치님이 절 부르더니 자기가 따로 전화하겠다고 말했어요. 그러고 나서는 교실에 들어가선 제 팔의 상처에 약도 발라주었어요.

답변 4

요즘 체육관 코치와 어떤 상황이 있었나요? 어떤 유형적·무형적 사건이……. 사건이라면 이상하지만 어떤 느낌, 하여튼 뭔가가 실제로 있었나요? 꼭 썸 타는 관계가 아니라도 그저 코치와 상관이 있는 어떤 기분의 변화, 사소한 일이라도 새로운 게 있었나요? 그런 게 꿈의 재료로 나왔을 지도 모르죠. 그 재료가 님의 무의식을 표현한 것 같아요. 그 재료가 무슨 일인지는 제가 잘 모르겠지만, 뭔가 그게 작용했을 것 같네요.

fj*** : 요새 무쩍 진해진 코치라 그런가 보네요. 실제로도 여자친구가 있는 코치라 썸 이런 건 없었구요. 무쩍 친해져서 장난도 치고 놀아서 그런가 보네요.

답변 : 네, 그런 것 같군요. 그래서 꿈의 재료로 사용되었나 보네요.

fj*** : 네, 그런가 봐요.

/ fj***님의 후기 /

이 꿈은…… 제가 지금 만나고 있는 사람이 나온 꿈이죠! 생각해 보니 정말 신기합니다. 실제로는 저 꿈속에 나왔던 여자친구와 헤어지고 어느 정도 시간이 지난 후에 절 만났거든요. 헤어진 여자친구 얼굴 정도는 알고 있는 터라 꿈속에서의 느낌 그대로 그 부분이 마음에 걸리기도 했어요. 하지만 만나고 있는 지금은 꿈속에서 절 부축하던 그때 그 상황처럼 제 옆에서 절 지켜주고 있네요.

/ 후기 : SNS 대화(2014. 11. 6.) /

필자 : 원고 작업을 하다가 보니까 '체육관의 코치 꿈' 내용에 대해 제가 코멘트를 달아드린 것을 보니 진짜 신기하네요. 제가 그때 확정적으로 말하기 좀 그래서 그냥 썸 타는 것 아니냐고 물었더니 님이 아니라고 했잖아요. 그런데 맞네요! 제가 그때 속으로는 분명히 뭔가가 님의 마음속에 있다고 생각을 했거든요. 하지만 님이 헤어진 남자친구 때문에 많은 고민을 하고 있었고, 코치님에게 여자친구도 있어 님과 절대 썸 타는 사

128

이가 아니라고 강하게 주장을 해서 확정적으로 말하진 못했지요. 하지만 지금 와서 보니 그때 꿈 해석이 정말 잘 맞았네요. 매번 느끼는 것이지만 꿈이란 게 정말 신기하네요. 님의 무의식 속에는 그때부터 벌써 조짐이 있었어요. 의식만 몰랐을 뿐…….

fj*** : 네, 그랬나 봐요. 당시에 그 코치가 여자친구가 있었고……. 네, 정말 저만 몰랐나 봐요.

필자 : 진짜 신기하네요. 꿈을 제대로만 해석해내면 정말 많은 걸 말해줄 듯해요.

fj*** : 네, 그러게요! 요새는 꿈도 잘 기억이 안 나고 안 꿀 때도 많아요. 예전보다 조금 편해져서 그런가 봐요. 제 정신도, 상황도 그런 것 같아요.

필자 : 맞아요. 마음이 안정을 찾으니까 꿈을 덜 기억하는 거죠. 해결할 문제가 그만큼 줄어들었다는 의미이죠.

fj*** : 네, 그런가 봐요. 드디어 원하셨던 꿈에 대한 책을 내시겠네요!

필자 : 님 덕분도 많죠. 고마워요!

fj*** : 아니에요. 얼른 책이 나오길 기다려 봅니다!

[5] 전쟁터로 나가기 위해 준비하는 꿈 : 2014. 7. 16.

꿈 배경은 전쟁터로 가기 전이었던 것 같아요. 원래는 남자아이의 아빠만 가기로 돼있었는데 어쩌다보니 남자아이도 함께 가야 한다며 갑옷을 입고 있었어요. 저는 저 부자지간과 친밀한 사이였던 것 같아요.

그러다가 장면이 바뀌어 남자아이가 화살에 맞았어요. 저는 너무 놀랐고 정말 꿈에서 많이 울었던 것 같아요. 주변을 보니 약국이 보였어요. 저와 남자아이 아버지는 울면서 약국으로 아이를 데리고 갔고 피 흘리는 아이를 눕혔어요.

그때 정장을 입은 남자들이 약국 안에 있던 우리를 발견했고 저는 재빨리 문을 잠갔지만 여러 명이 몰려온 남자들은 약국 문을 부수고 들어왔네요. 그 사람들과 싸우다가 잠에서 깼어요.

답변 5

네, 전체적으로 보니 꿈의 흐름이 좋네요. 전쟁터 같은 분위기였다……. 그럼 님의 현실에서 그와 유사한 좀 급박하다고 해야 할까, 경쟁이 심하다고 할까……, 뭐 어쨌든 유사한 분위기가 형성될 수 있어요. 그러니까 뭐랄까 좀 정신적으로 그런 긴박한 상황이 형성될 수도 있다는 거죠.

실제로 전쟁이 일어나는 건 아니고 상징입니다. 그런데 남자아이가 화살에 맞았다……, 남자아이가 어느 정도 나이였나요? 적은 나이면 근심이 해결된다는 의미이고, 큰 아이라도 화살에 맞아 피를 많이 흘렸으니 좋은 꿈입니다. 뭔가 님이 소망하는 게 극적으로 해결될 수 있다는 걸 상징하는 거죠.

그리고 그때 정장을 입은 남자들이 몰려왔다……, 이것 역시 상황이 좋게 결말이 나지만 긴박한 과정을 거친다는 겁니다. 좀 무서운 분위기잖아요. 그만큼 일이 긴박한 성공을 암시하는 거죠. 그리고 님이 울었다……, 그것도 펑펑! 이 펑펑 울었던 상황이 좋은 암시라는 건 아시겠죠? 좋은 꿈이네요.

무슨 좋은 일이 일어날까요? 뭔가 조금 센! 좋은 일이 생길 것 같네요. 뭔가 크게 한 방 해결될 수도 있고, 하여튼 소망이 충족될 수도 있는……. 그런데 긴박하게 한순간에 뭔가 이뤄질 것 같네요. 속도감이 있어요. 속도 있게 뭔가 순간에! 이뤄질 것 같군요.

fj*** : 음…… 좋은 일…… 뭐가 일어날까요? 궁금하네요. 회사 쪽과 관련된 일일까요? 남자아이는 어린아이였어요. 초등학교 입학 전인 그런 어린아이요. 어떤 일이 일어날지 궁금하네요!

답변 : 역시 어린아이군요! 그럼 님의 근심이 한 방에 해결된다는 뜻이에요. 그 애가 꿈속에서 죽었으면 더 완전할 텐데, 어떻게 됐는지 모르죠? 그래도 피를 많이 흘렸으니 근심이 해결될 것 같아요. 또한 님도 많이 울었고…… 회사 일 같아 보이네요. 뭔가 급박한 상황 속에서 근심이 한 방에 해결되면서 속이 후련한 일이 생길 것 같은데요.
하여튼 좋은 꿈을 꾸셨으니 뭔가 좋은 일을 기대해 봐도 괜찮을 것 같아요. 아주 급박하게! 이 속도감이 이번 꿈의 키포인트에요. 속도감 있게 근심이 해결될 듯해요. 단숨에!

fj*** : 네, 애가 살았는지, 죽었는지는 모르겠어요. 화살 맞고 눈 감고 누워 있넌 것만 생각나네요. 회사일…… 예전에 해일 꿈이나 그런 꿈과 비슷한가요?

무슨 일일지…… 정말 궁금하네요. 회사 일은 이제 곧 평가가 나오는 것밖에 없는데…….

답변 : 아하, 평가가 나오나요? 그럼 좋은 평가가 나오려나 보네요. 님에 대한 평가인가요? 평가와 관련된 꿈일 수도 있겠네요.

fj* :** 네, 분기마다 개인평가가 있는데, 이제 평가 나올 시기거든요. 평가를 잘 받으면…… 돈이 나오는지라……. 기대를 많이 안 하고 있는데 잘 나오려고 이런 꿈을 꾸는 건지 조금 기대는 되네요.

/ fj***님의 후기 /

이 꿈은 제 근심이 해결될 거라고 하셨던 꿈입니다. 좋은 일이 있을 거라구요. 실제로 회사에서 평가도 제일 높은 점수를 받았어요. 또 헤어진 남자친구에 대한 미련과 근심을 버리고 절 사랑해주는 다른 사람을 알아가는 그 시기였기도 하네요.

8

꿈은 단막극이 아니라
연속극이다

우리는 매일 밤에 꾸는 꿈에만 집중한다. 그날 밤이 지나면 그
다음 날 꾼 꿈에 대해선 연관성을 별로 의식하지 않는다. 우리는
꿈을 통해 트라우마를 치유한다. 몸에 난 질병도 한번에 고쳐지
는 게 아니듯이 우리의 정신이 치유되는 것도 하룻밤 꿈으로는
부족한 게 어쩌면 당연하다.

『꿈은 말한다』의 저자 테레즈 더켓도 같은 책 99쪽에서 꿈이
연속되어 있다는 사실을 다음과 같이 강조한다.

"나도 꿈이 무슨 뜻인지 알 수 없을 때가 간혹 있다. 그럴 때는
무의식에게 다음 꿈에서 더 자세한 것을 보여 달라고 청한다. 꿈
은 자기를 알아주는 것을 좋아하기 때문에, 이 방법이 통할 때가
많다. 다음에 꾸는 꿈에서 상징, 기호 자체는 다른 것이 나오기
도 하지만 어떻게든 전에 꾼 꿈과 연결되기 마련이다. 꿈은 단막
극이 아니란 걸 잊지 말자."

PART 2 ─ 夢, 夢, 夢, 꿈의 따짐

우리가 한 가지 심각한 고민에 빠져 있다면 매일 다른 방식으로 꿈속에 계속 그 주제가 표현될 것이다. 꿈은 현실 속 문제들이 무의식에서 해결될 때까지 계속 다른 소재로 나타난다. 한 사람이 여러 날에 걸쳐 꾼 꿈을 살펴보면서 같은 주제에 대해 계속 여러 가지 방식으로 꿈이 다르게 표현하는 것을 알 수 있다. 물론 계속 같은 주제가 매일 밤 나타나지는 않는다. 무의식도 트라우마를 치유하면서 회복되는 시간을 잠시 기다려주기도 한다. 마음의 준비가 되면 다시 또 치유를 계속한다.

다음 사례자의 가장 심각한 고민은 헤어진 남자친구와 다시 만날 수 있을지에 대한 문제였다. 숨은 그림 찾기처럼 여러 날의 꿈들 속에 어떤 식으로 그 고민이 표현되어 있는지 살펴보자. 한 사람의 꿈들이 여러 날에 걸쳐 모인 자료도 흔하지 않기 때문에 한번 정리해 본다.

실제 사례 여덟 밤의 8가지 꿈 : xx*****님의 꿈

[1] 2014. 3. 28.

헤어진 전 남친(제가 기다리고 있는 남자입니다)과 성관계를 하는데 부모님께 걸리는 꿈입니다. 그런데 그 남친은 계속 하자고 조르는 꿈입니다.

헤어진 남자친구와 성관계를 하다가 부모님에게 걸리는 꿈은 님의 무의식의 심리를 나타내주는 겁니다. 이때 꿈속 부모님은 진짜 부모님이 아니라, 님의 또 다른 자아의 감시자 캐릭터입니다. 초자아라고 봐도 되고, 아니면 님이 걱정하는 주변 시선이라고 봐도 됩니다.

그런 심리 상태를 보여주는 꿈이라고 할 수 있죠. 남자친구가 계속 조르는 건 님의 또 다른 자아입니다. 님은 남자친구가 자신에게 귀속되길 희망하고 있죠. 무의식은 그걸 보여주고 있네요.

[2] 2014. 3. 29.

제가 뭔가 갑자기 하다가 손에 두드러기같이 붉은 고름들이 올라왔습니다. 몸엔 직접 보지는 못했습니다. 하지만 두드러기가 난 느낌이 들었습니다. 그런데 몇 초 있다가 없어지는 꿈입니다.

답변 2

두드러기 꿈. 얼굴에 만일 붉은 반점이 나는 꿈을 꾼다면 남의 시선을 집중시킬 일이 생길 겁니다. 그런데 손에 두드러기가 나는 꿈은 걱정거리를 나타내는 거예요. 님에게 근심이 있다는 걸 알려주는 무의식의 반응입니다. 그게 금방 사라졌다는 건 심각하게 고민을 안 해도 된다는 근심의 강도로 보이는군요.

[3] 2014. 3. 30.

또 성관계 관련 꿈인데 제가 성관계를 했는지, 다른 사람이 하는 걸 보는 건지는 잘 모르겠어요. 그런데 트랜스젠더 같기도 하고 생식기가 2개더군요. 그런데 이 꿈의 마지막엔 기분이 이상하게 좋았습니다. 무엇을 의미하는지 모르겠어요.

답변 3

성관계를 하는 꿈은 꿈속에서 기분이 좋았다면 좋은 꿈입니다. 그러나 꿈속에서 성관계를 할 때 덜 흡족하다거나 뭔가 아쉽거나 혹은 불쾌했다면 안 좋은 꿈입니다. 현실 속에서 그런 기분을 느낄 일이 생깁니다. 그러니까 꿈속 성관계는 실제로 성관계를 나타내는 게 아니라 일거리의 상징을 나타내는 거죠. 그 기분여하는 그 일거리에 대한 결과를 나타내는 상징 언어입니다. 성기가 두 개였다면 일거리의 결과물이 두 가지라는 걸 상징할 수 있습니다.

[4] 2014. 3. 24.

꿈에서 치아 교정 중이었는데 고무줄이 빠져서 다시 치과를 갔습니다. 치과에 가서 의사선생님과 위생사 분들과 재미있게 수다를 떨었습니다.

그 뒤의 꿈 내용은 잘 생각이 안 납니다. 다만 앞니 옆의 치아가 썩었는지 좀 깨져 있고 누런색이라 제가 손으로 그 누런 부분을 긁어내는 꿈이었습니다. 원래 치아가 나오는 꿈은 흉몽이라는데 걱정이 되는군요.

답변 4

고무줄이 빠져서 치과에 갔다. 뭔가 빠진다는 건 근심거리가 생길 걸 나타내는데요. 이 꿈에선 어떤 이가 썩어 있다는 거죠? 윗니? 아랫니? 그 위치도 중요합니다. 하여튼 깨져 있다는 건 좀 안 좋은 일이 생기는데 그걸 긁어냈다는 건 해결하기 위해 노력한다는 것입니다. 그 뒤에 꿈 내용이 어떤지에 따라 이 꿈의 길흉이 결정 나겠네요. 그런데 좋은 꿈은 아닙니다.

[5] 2014. 4. 3.

꿈에 저희 집에서 알몸으로 있었습니다. 어떤 남자도 알몸인지는 모르겠는데요. 그 남자와 막 장난치고 놀았습니다. 그런데 알몸이어도 전혀 부끄럽지 않았어요. 꿈에서 '뭐, 어때! 우리집인데……' 이런 식의 생각이 들었고 기분이 좋았습니다.

꿈속에서 알몸으로 나오는 건 경우에 따라 해석이 다릅니다. 물론 모든 꿈들이 다 그렇지만요. 꿈속에서 여러 사람들이 있는데 자기만 알몸으로 벗고 나온다면 아주 창피를 당할 일이 생깁니다. 혹은 비난받을 일이 생기죠. 하지만 이 꿈에선 단 둘이 있었고, 둘 다 벗고 있었다면 좀 다른 관점에서 해석해야겠죠. 또한 꿈속에서 전혀 당황스럽지 않고 부끄럽지 않았다면 일반적인 알몸 해석과는 다른 해석이 나옵니다.

그래서 이 꿈은 나쁜 꿈은 아닌 것 같습니다. '내 집인데 어때……', 이건 님의 심리 상태를 나타내는 것 같네요. 아마 어떤 일에 대한 자기 위안, 무의식의 자기 치유 같네요. 최근에 남들에게 좀 부끄러워할 만한 일을 했나요. 아니면 하여튼 좀 마음에 걸리는 일이 있었나요. 그걸 무의식이 면피하기 위해, 자신을 위로하고 치유하기 위해 이런 꿈의 언어로 나타낸 것 같아요. 어쨌든 이 꿈은 님의 무의식의 반영일 뿐입니다. 예지몽은 아닌 것 같습니다.

[6] 2014. 4. 9.

꿈에서 헤어진 전 남자친구인지, 그 전에 헤어졌던 남자친구인지는 모르겠는데, 저를 그 주변사람들한테 소개를 하는 꿈입니다. 전 마음속으로 '계속 헤어진 상태인데 왜 나를 사람들한테 소개를 할까……' 이런 생각을 했어요. 그 다음은 잘 생각이 안 나는데요. 다시 만나기로 한 것 같기도 해요. 남자가 저를 안아준 것 같아요.

<hr>

답변 6

주변 사람들에게 소개를 받는 꿈……, 이 꿈 역시 님의 무의식의 치유 같네요. 님은 홀로 된 것, 전 남자친구와 헤어진 것에 대해 상실감을 갖고 있나 보군요. 꿈이 말해주고 있습니다. 그래서 꿈속에서 애인이 안아줬다는 건 그 치유의 절정을 나타내는 거죠. 님은 지금, 그러니까 이 꿈을 꿀 당시에 위안을 받고 싶어하는 겁니다. 그걸 나타내주는 꿈입니다. 님의 무의식을 반영하는 꿈이죠.

<hr>

[7] 2014. 4. 16.

누군가한테 막 쫓기는 꿈을 꿨어요. 그리고 잠에서 깨서 다시 잤는데 좋아하는 남자 연예인한테 사랑한다는 고백을 받는 꿈이었습니다. 저한테 고백한 사람이 다시 만난 남자친구인지 알았는데, 잘 생각해 보니 유명 연예인이었습니다.

<hr>

답변 7

쫓기는 꿈을 꾼다는 건 님이 몹시 불안해하고 있다는 겁니다.

아마 헤어진 남사친구 때문에 불안하고 외로운가 봐요. 꿈이 그 걸 말해주네요. 그런데 유명 연예인을 만났다……. 물론 꿈에서 유명인을 만나는 건 좋은 꿈일 수도 있는데, 이 꿈만의 분위기로 볼 때에는 님의 그 불안감과 외로움을 위안해주는 무의식의 치유 행위로 보입니다. 다른 꿈을 좀더 봐야 알 수 있겠죠. 이 꿈과 앞의 꿈들을 볼 때에는 이 꿈속에서의 연예인은 행운의 상징 코드로 보이지는 않네요. 일반적으로 님의 불안감을 치유해나가는 과정일 뿐입니다.

[8] 2014. 5. 1.

꿈에 제가 헤어진 이전 남자친구(제가 아직 잊지 못하고 있습니다)와 그 헤어진 남친 친구들이 있는 술자리에 갔습니다. 전 남친이 술을 많이 마셨는지 몹시 취해 있었어요. 전 남친이 제대로 잘 걷지도 못하는데 주변 친구들은 신경도 안 쓰는 것 같고 저만 부축하고 다녔습니다.

그런데 남친이 화장실에 가서 변기에 앉아서 토를 했어요(남친은 그때 옷을 안 입고 있었던 것 같아요). 제 얼굴에도 좀 튀었고 남친 상체에도 묻고 바닥에도 토가 흘렀는데(그리 많은 양은 아닌 것 같았어요), 그걸 제가 다 치워 주는 꿈인데요.

그리고 또 다른 꿈을 꾼 건 기억이 잘 안 나요. 자고 일어나서 찝 찝한 것보다는 꿈속에서라도 전 남친을 볼 수 있어서 기분이 나쁜 것보다 안도감 비슷한 감정이 느껴졌습니다.

전 남자친구가 옷을 안 입고 있었다……. 그것도 성관계가 아닌 일반적인 상황에서 옷을 입지 않고 있었던 겁니다. 그리고 토를 했는데 님에게 튀었다……. 별로 좋은 꿈은 아닌 것 같아요. 님의 근심, 걱정이 가득 배어 있는 꿈입니다. 헤어진 전 남자친구 때문에 님은 무의식적으로 지금 무척 근심하고 있군요. 계속 이어지는 꿈들에서 그런 것들이 나타나니까요.

님이 토사물을 다 치워주는 건 그만큼 님이 헤어진 남자친구에게 잘해줄 수 있다는 심리를 반영하는 거죠. 역시 자기 위안으로 꿈이 치유하는 과정일 뿐입니다. 꿈은 현실 속에서 해결되지 않는 문제를 계속 상징화시켜 꿈속에 나오게 함으로써, 그 문제에 대한 감정을 치유해나가고 있습니다.

전체적으로 꿈의 흐름을 보니 님은 이 꿈을 꾸는 요즘 굉장히 불안하고 심리가 불안정한 상태 같아 보이네요. 걱정도 많아 보입니다. 헤어진 남자친구 때문에 스트레스가 많네요. 그 해결되지 못한 감정 때문에 꿈속에서 자꾸 이런 식으로 표현되는 겁니다.

하지만 이런 꿈들이 결국 무의식에서 님의 불안감을 치유해나가는 과정이므로 그런 꿈의 의미를 알고 나면 한결 마음이 놓일 것입니다. 시간이 지나면서 님의 심리 상태에 따라 꿈의 표현이 계속 바뀔 겁니다. 더 불안해지면 꿈은 더 강렬하고 복잡해질 것입니다. 반면에 안정이 되면 꿈은 좀 더 단순해지고 온화해질 겁니다. 상징 언어도 덜 강할 테고요. 도움이 되었길 바랍니다.

PART 3

예지몽,
진짜 이루어지는 거야?

"인간은 일종의 발명품인데,

우리들의 사유에 대한 고고학은

아주 쉽게 발명의 최근의 날짜를

제시해주고 있다.

어쩌면 이 사유의 고고학은

이 새로운 발명의 다가올 죽음의 날짜를

제시해 줄지도 모른다."

— 미셸 푸코

예지몽이 뭐길래

우리가 해몽에서 제일 궁금해 하는 건 뭐니 뭐니 해도 '예지몽'일 것이다. 항상 '오늘 이 순간'만 알고 살아가는 인간에게 미래를 알 수 있다는 건 굉장한 신비로움을 자아낸다. 마치 초능력처럼 느껴지기도 하니까 말이다.

그런데 여기서 분명히 밝히고 넘어갈 것은 인간에겐 예지몽이 존재한다는 사실이다. 전 세계적으로 시·공간을 넘어 예지몽을 꾼 사람들과 그 기록들은 수도 없이 많다. 그리고 예지몽은 특별한 사람들만 꿀 수 있는 것도 아니다. 평범한 사람들도 예지몽을 꿀 수 있고, 실제로 꾸고 있다. 이 책의 많은 실제 사례들도 그걸 뒷받침하며, 다른 여러 책에서도 그런 이야기들을 많이 찾아볼 수 있다.

『꿈은 말한다』의 저자인 테레즈 더켓은 예지몽에 대해 같은 책의 78쪽에서 이렇게 정의한다.

"꿈은 의식의 여러 단계를 통과할 뿐 아니라 시간도 초월한다. 과거로도 미래로도 갈 수 있다. 또 과거에서 어떤 사건들을 골라 현재와 미래의 가능성으로 편집하기도 한다. 미래의 기억이라고 할 수 있는 것이 예지몽(豫知夢)이다."

또 예지몽은 앞에서도 말했지만 역사적으로 유명한 사람들도 많이 꾸었다. 거기에 대해 테레즈 더켓은 『꿈은 말한다』의 78쪽과 79쪽에서 우리가 잘 알고 있는 역사적 인물들의 예를 다음과 같이 들고 있다.

> "역사적으로 칭기즈칸, 히틀러, 나폴레옹과 같은 많은 사람들이 예지몽을 꾸었고, 꿈을 잘 활용했다. 예언몽이나 예지몽은 다가올 재난을 경고한다. 그래서 우리는 재난을 막거나, 막지 못할 재난이라면 미리 알고 마음의 준비를 한다.
>
> 칼 융을 비롯한 많은 사람들이 꿈을 꾸고 나서 제2차 세계대전이 일어날 줄 알았다고 한다. 홀베슈는 꿈에서 에고의 경계가 허물어질 때 예지몽이 나타난다고 했다. 아이디어와 사건이 '실행되고 일어나도록 예정'되기 때문이라는 것이다. 예언몽이나 예지몽은 꿈에서 경고가 나오기 때문에 환상적인 꿈과는 구별할 수 있다."

그런데 사람들은 항상 '공인', '검증', '공식', '학술' 등의 수식어들이 붙어야 인정하는 습성들이 있기에 『꿈은 말한다』에서 저자가 이야기한 것을 또 더 인용해볼까 한다. 왜냐하면 '예지몽'

은 과학의 저 너머에 있기 때문에 더욱 이러한 나름의 공식화된 설명 작업이 필요할 것 같아서이다. 테레즈 더켓 역시 또 다른 저자의 말을 인용했다. 항상 사람들은 더 공신력이 있는 말을 선호하기 때문일까. 어쨌든 아주 시적으로 표현한 말이 있다.

듄(Dunne) 교수는 아인슈타인의 상대성 이론을 언급하면서 다음과 같이 말한다.

> "현재가 되는 모든 시간은 강과 같다. 꿈이라는 배를 타고 앞으로, 뒤로, 옆으로도 갈 수 있다." [로빈슨과 코베트(Robinson& Corbett), 1984, 8쪽 : 『꿈은 말한다』, 78쪽 재인용]

그런데 예지몽에 대한 공신력과 더 손쉬운 이해를 돕기 위해 내친김에 테레즈 더켓이 예지몽을 해석한 실제 사례까지 인용하며 '예지몽의 정의'를 마무리할까 한다. 테레즈 더켓의 꿈의 해석 방식을 보고 나면 이 책에 다양하게 나오는 바로 우리 이웃의 실제 사례들을 이해하는데 도움이 될 것이다. 또 이 꿈의 해석 방식을 응용하고 활용해서 우리 자신의 꿈의 구조를 분석하고 해석해볼 수 있다.

실비아는 결혼 생활이 끝나기 1년 전에 꿈을 꾸고 나서 자신과 친구 카렌이 막을 수 없는 큰 변화를 겪으리라는 걸 알았다. 꿈에서는 절친 카렌에게 파국이 닥칠 것이지만 실비아가 아무것도 도울 수 없다고 했다.

"카렌은 제일 친한 친구예요. 저는 2층짜리 카렌네 집에 그 애와 함께 있었어요. 갑자기 엄청난 폭풍이 불어서 우리는 날아갔어요. 벽돌이 무너지고 집도 통째로 무너졌어요. 저는 그때 무너지는 집이 카렌의 삶이자 카렌이라는 걸 알았지요. 카렌의 결혼이 곧 파경을 맞고 손을 쓸 수 없으리라는 것을요. 카렌은 히스테리를 부렸어요. 저는 어떻게든 그 애를 무너지는 집에서 빼내려고 했어요. 그러다가 제 차에 올라타 엑셀을 밟았어요. 그런데 차가 뒤로 가는 거예요. 뒤로 가서 어떤 댐을 들이받았어요. 이제 댐이 무너져 물난리가 나겠구나 하는 생각이 들어 댐 아래를 내려다보았는데, 댐에 물은 없고 제 남편 크레이그가 있었어요. 제가 한 실수 때문에 남편이 물에 빠져 죽겠구나 생각했어요. 하지만 당장 제 차가 댐에 부딪힌다고 해서 댐이 무너질 만큼 힘이 세지 않다는 것을 깨달았어요. 어차피 카렌을 날려 보낸 그 폭풍우 때문에 댐도 곧 무너질 테니까요."

실비아가 이 꿈을 꾸고 나서 6개월 뒤에 카렌의 남편 존은 카렌을 떠나 다른 여자에게로 갔다. 카렌은 절망했고 심장마비로 10년 뒤에 죽었다. 실비아는 그 꿈을 꾸고 18개월 뒤에 이혼했다. 꿈속에서 실비아는 자신의 '부주의한' 실수 때문에 남편이 살아남을 수 있을지를 걱정했다. 그러나 자기 책임이 아니라는 걸 곧 깨달았다. 이렇게 꿈이 많은 것을 알려 주는 덕에 실비아는 마음을 굳게 먹으며 이 모든 재난에 대처할 수 있었다.

예지몽의 유효 기간은?

보통 꿈 중에서 미래를 예시하는 꿈을 '예지몽'이라고 한다. 그냥 앞으로 일어날 일을 그대로 투시해서 바로 보여주는 형태의 예지몽도 있다. 또 미래의 일을 상징으로 나타내거나 사실을 왜곡해서 보여주는 예지몽도 있다.

그런데 여기서 사람들이 가장 궁금하게 여기는 것은 꿈을 꾸는 시점과 그 꿈이 이루어지는 시점의 차이가 얼마나 날까 하는 것이다. 미래를 그대로 보여주는 꿈일 경우 그 꿈이 실제 현실에서 이뤄지기까지 걸리는 시간은 '그때그때 다르다'가 정답이다.

어젯밤에 꾼 예지몽이 오늘 당장 이뤄질 수도 있다. 아니면 며칠, 또는 몇 주일, 또는 몇 달, 아니면 몇 년 뒤에 이루어지는 경우도 있다. 그 시간을 추측할 수 있는 방법은 꿈속에서 그 시간을 상징하는 숫자가 나타나기도 하기 때문에 그걸 찾아 해석해보면 된다.

PART 3 – 예지몽, 진짜 이루어지는 거야?

149

그러나 대부분 잘 알 수 없기에 예지몽이 언제 정확하게 현실에서 일어나는지 아는 건 엄밀하게 말해서 불가능할지도 모른다. 다만, 실제로 그 일이 나중에 언제라도 똑같이 일어나면, '아, 그때 그 꿈이 예지몽이었구나'라는 걸 확실히 체험하게 될 뿐이다.

미래를 투시해서 그대로 나타나는 예지몽은 그래도 실제로 일어나면 정확하게 알 수는 있다. 그렇지만 상징적으로 미래를 나타내주는 예지몽은 그 상징의 해석에 대한 사전지식이 있어야 미래를 볼 수 있다.

이 책의 여러 곳에서 든 실제 사례에서 우리는 예지몽의 실체를 확인해볼 수 있다. 물론 모든 경우의 수를 다 해석할 수는 없으나 자료는 모이고 그게 쌓이면 많은 정보가 된다. 하나씩 차곡차곡 쌓아가는 데 의미가 있다. 그리고 분명히 그 정보를 알게 된 일부는 꿈의 해석으로 도움을 받을 것이다. 누군가에게 조금의 도움이라도 된다면 그 정보는 충분히 가치가 있다고 생각한다.

어쨌든 이 책에는 실제로 증명되거나 경험했던 사례만을 실을 것이다. 그래야 생생한 이야기를 나눌 수 있기 때문이다. 이러한 예지몽에 대한 글을 게시판에 올렸을 때 달린 댓글들도 이해를 돕는 데 필요할 것 같아서 함께 싣는다.

댓글

fj*** : 글 잘 읽었습니다. 꿈에 나오는 숫자들이 다 무언가를 암시하는 건 아니지요?

답변 : 꿈에 나오는 상징들은 모두 무언가를 암시할 가능성이 높습니다. 꿈은 무의식을 나타내는 퍼즐과도 같기 때문에 꿈에 나오는 소재들은 각각 퍼즐의 조각들이라 모두 나름의 의미가 있습니다.

fj*** : 제게 생생하게 기억에 남았던 꿈들이 뭔가 의미 있는 꿈들이 되는 건가요? 꿈에서 실제로 어떤 느낌까지 그대로 느껴진 그런 꿈들이요.

답변 : 생생하게 안 남아도 꿈은 모두 의미가 있습니다. 그런데 정말 강렬하도록 생생하게 남는 꿈은 더 큰 암시를 갖고 있죠. 어떤 경고나 아니면 암시죠.

step*** : 저는 예지몽을 아주 어릴 적부터 경험해왔습니다. 이젠 좀 덤덤한 편입니다만……. 다만 대부분이 그 당시에 기억이 나서 불길한 꿈을 꾸었을까봐 어느새 좀 불안할 때가 있습니다. 항상 꿈을 꾸고 얼마 안 있어 똑같은 일이 벌어지니까요. 짧게는 며칠에서 몇 십 년 뒤까지입니다. 살면서 한 5회 정도 직전에 생각난 적이 있어 안 좋은 일을 피해간 적도 있어요.

아몽*** : 제가 예지몽을 자주 꾸기 때문에 예지몽을 검색하다가 이 글을 보고 카페에 가입하게 됐는데요. 정말 딱 글에 써 있는 그대로예요. 아주 선명하고 예지몽이 현실로 이루어지는 시간은 그때그때 달라서 알 수 없어요. 현실 속에서 어……! 하면서 알게 된다는 점이 정말 공감되어 댓글 달아봅니다. 저는 소름 돋는 예지몽을 많이 꿨어요. 친구 미래를 보고 제 미래도 보고 한답니다. 저도 처음엔 예지몽이 말도 안 되는 거라며 제 상상이 지어내는 줄 알고 병원에 가봐야 되나 싶었어요. 그런데 시간이 지날수록 제 꿈에 대해 '이건 상상이 아니구나!' 확신하게 되는 일들도 많아져서 이젠 그냥 제 꿈을 믿어요.

3

직접 투시의 예지몽

예지몽 중 먼저 직접 투시의 사례를 소개할까 한다. 이 꿈은 나의 경험담이기에 정말 확실하다. 3년 전에 일산으로 거주지를 옮기고 일주일 정도 지났을 무렵의 일요일 아침이었다. 이삿짐 정리가 겨우 다 끝나갈 즈음의 휴일 아침, 피곤에 절어 자고 있는데 꿈속에서 "○○○가 죽었다!" 하는 외침이 들렸다. ○○○는 가족 중의 한 사람이었다.

그 외침이 순간 갑자기 너무 크고 쨍쨍하게 들려서 나는 놀라서 정말 '후다닥' 깼다. 진짜 그동안 살아오면서 한번도 그렇게 드라마에서처럼 후다닥 깬 적은 없었다. 나도 모르게 너무 놀라서 자다가 몸을 벌떡 일으켰다.

꿈이라는 걸 알고서 그제야 겨우 안심을 하려는 찰나에 일 분도 채 안 되어 정말 거짓말처럼 휴대폰이 울렸다. 그리곤 어머니의 가라앉은 목소리가 들렸다. 아버지가 새벽에 갑자기 쓰러지

셔서 응급실에 실려 가셨고, 지금 의식불명 상태라고. 그리고 의사들이 이젠 가망이 없다고 한다며 빨리 당장 내려오라고 했다.

그 전화를 받고는 정말 멍한 기분이 들었다. 꿈인지, 생시인지 순간 너무 헷갈릴 정도로. 드라마에서나 나오는 일이 나에게 실제로 일어났다는 사실이 믿어지지 않았다.

어쨌든 이 꿈이 바로 예지몽에 해당한다. 물론 꿈속에서 죽었다는 사람은 아버지가 아니었다. 다른 가족이었다. 그러니까 이 꿈은 백 퍼센트 미래를 투시하는 것이 아니다. 하지만 꿈속에서 죽었다는 대상도 가족이었기에 조금 왜곡이 일어난 것이다.

그리고 꿈을 꾼 시점과 현재에 실제로 일어난 시점의 간극은 많이 짧은 편이다. 아버지는 그 길로 비행기를 타고 내려간 내가 중환자실에 가서 의식이 없는 상태의 아버지를 만나고서 얼마 있지 않아 돌아가셨다. 의식불명 상태에서도 영혼은 남아서 나를 기다렸던 걸까. 아버지의 임종을 지켜볼 수 있었던 게 불행 중 다행이라고 할까. 내 꿈속에서 죽었다고 호명이 된 우리 가족 중의 한 명은 끝내 아버지 임종을 지키지 못했다. 도착하기 전에 아버지가 돌아가셨다.

비슷한 꿈이 자꾸 반복되는 이유

이 꿈은 정말 최근에 일어난 실제 예지몽의 사례이다. 그리고 꿈을 꾼 후 스물네 시간도 채 지나지 않아 실제로 일어났다. 이렇게 그날 꾼 꿈이 그날 일어나는 예지몽도 있지만, 시간의 간극은 알 수 없다.

이 꿈처럼 미래를 그대로 보여주는 예지몽이라도 꿈은 항상 조금 사실을 비틀어서 보여준다. 그래도 이 정도의 예지몽은 거의 백 퍼센트 보여주는 것이나 마찬가지다. 이렇게 빠르고 확실한 예지몽은 나도 평생 처음 꾸었다. 그만큼 긴급한 일이 아니었을까.

아직도 중환자실에 의식 없이 누워 있던 아버지의 마지막 모습이 생각난다. 내겐 태어나서 처음 겪는 너무나 큰일이었다. 아주 깊고 깊은 트라우마를 남겨서 몇 년이 지났지만, 멀쩡하다가도 그때 생각을 하면 아직도 갑자기 슬픔이 북받쳐 올라 눈물이 왈칵 쏟아지곤 한다. 사람이 살면서 아주 가까운 사람의 죽음을 처음 마주 하는 것이 얼마나 마음의 상처를 남기는지 처음 알았다.

성인이 된 다음에도 이토록 트라우마가 깊게 남는데, 만일 어린 나이에 가까운 사람이 죽는 걸 본다면 정말 극복하기 힘들 것 같다는 생각이 든다. 특히 시신의 염(殮)을 하는 모습을 실제로 보는 건 너무나 큰 충격이다. 그렇다고 가시는 길을 안 본다면 더 깊은 회한으로 남을 것이지만, 어쨌든 정말 큰 트라우마를 남기는 일이다.

중환자실에서 의식이 없는 아버지의 시커멓게 변해가고 있는 손을 마지막으로 만지작거릴 때 사람이 이렇게 가는구나 하는 사실을 정말 믿을 수 없었다. 인간은 왜 결코 이별의 순간이 오지 않는다고 생각하는지 정말 어리석게 느껴졌다. '죽음'이라는 인간의 한계상황이 버젓이 존재하는데도 왜 사람들은 그걸 잊고 영원히 함께할 것이라는 착각 속에 사는지…….

어쨌든 아버지의 죽음은 내게 엄청난 트라우마를 남겼고, 그 이후로 계속 아버지의 꿈을 자주 꾸게 했다. 『꿈은 말한다』를 읽기 전에는 왜 자꾸 아버지 꿈을 꾸는지 알 수 없었다. 그저 뭔가 아직도 내게 할 말이 남았나 하는 생각이 들었고, 자꾸 내 꿈에 나타나는 이유에 대해 너무 궁금했다. 그러나 『꿈은 말한다』를 읽고는 그 이유를 확실하게 알게 되었다. 트라우마를 치유하기 위해 꿈은 계속 그 사건을 보여준다는 것이다. 『꿈은 말한다』의 237쪽에서 238쪽을 보면 테레즈 더켓은 다음과 같이 그 이유를 설명하고 있다.

중요한 사람을 잃거나 트라우마를 겪으면 마음에 큰 공백이 생긴다. 이 공백을 메우기 위해 자꾸만 그 당시로 돌아간다. '그때 약을 먹었으면 죽지 않았을 텐데'라든지 '오늘 아침에 내가 그 사람하고 마주치지 않았어도 그렇게 되었을까?' 하는 물음이 마음에서 떠나지 않는다.

죽은 사람의 기억을 정리하자면 꿈에서 생전의 모습을 모두 보게 된다. 그 사람의 모든 것이 꿈에 나온다. 그리고 두 번째 단계에서 다른 사람들과 섞이면서 조금씩 사라진다. 얼마나 가까운 사이였는지, 어떻게 최후를 맞았는가 하는 것에 따라 상실감이 다를 수 있고, 그에 따라 첫 번째 단계가 끝나는 시간이 달라진다. 그 상실감은 몇 년씩 갈 수도 있다. 꿈꾸는 사람이 이제는 세상을 떠난 사람 없이도 지낼 수 있게 되면 죽은 사람은 점점 꿈에 나타나지 않는다.

4

상징으로 표현되는 예지몽

이번에는 예지몽 중 상징으로 나타나 미래를 보여주는 꿈 이야기를 해볼까 한다.

백 퍼센트 상징의 형태로 미래를 알려주는 꿈의 예를 들어볼 것이다. 이 꿈 이야기는 아주 가까운 지인의 실제 꿈 사례이기 때문에 확실하다. 지인을 편의상 A씨라고 하겠다.

A씨는 청소년기에 아주 짝사랑하던 사람이 있었다. 정말 열렬하게 사랑해서 고백을 했지만 퇴짜를 맞았다. 그래도 A씨는 마음속으로 그 사람을 포기하지 않고 외사랑을 계속했다. 그런데 몇 년 후에 꿈을 꾸었는데 그 상대방이 꿈속에서 악수를 청해오는 것이었다. 평소에는 A씨의 고백 이후 서먹한 사이가 되어 항상 멀리하고 표정이 좋지 않았는데, 이날 꿈속에선 먼저 웃으며 A씨에게 악수를 청해왔다. 꿈속이었지만 A씨는 정말 행복했고,

그 손을 꽉 잡으며 굳은 악수를 나누었다.

A씨는 꿈을 깨고 나서도 너무나 생생해서, 그리고 꿈속에서라도 그 사람과 기분 좋게 악수를 나눴던 것이 행복해서 그 꿈이 잊히지 않았다. 그래서 꿈책을 찾아보니 악수를 하면 그 사람과 사랑을 이룬다고 되어 있었다. 결혼을 할 수도 있단다. 특히 굳게 손을 잡으면 그 강도만큼 강하게 맺어져 결혼까지 이어진다고 했다. 그런데 이때 손을 흔들면서 악수를 하면 그 관계는 큰 풍파를 맞이할 것이며 결과가 좋지 않을 것이란다.

다행히도 A씨는 꿈속에서 전혀 흔들림 없이 굳은 악수를 나누었다. 그렇지만 그 꿈해몽을 믿을 수가 없었다. 천지가 개벽해도 상대방과 결혼을 하거나 사랑을 이룰 가능성이 없었기 때문이다. 상대방은 A씨를 완벽하게 거절했고, 또 두 사람 사이에는 넘을 수 없는 큰 장애물이 있었다. 자세한 것은 지인의 프라이버시 때문에 이야기할 수 없다. 하지만 어쨌든 두 사람이 결혼이나 사랑의 결실로 맺어질 가능성은 그 당시로 볼 때 아주 깜깜절벽이었다.

그러나 A씨는 살아가면서 계속 그 상대방을 혼자서 사랑했고, 그 꿈을 소중히 간직했다. 그런데 몇 년 후 정말 믿기지 않는 일이 일어났다. A씨와 그 상대방은 몇 년을 연락 없이, 또 소식도 모르게 지내다가 정말 우연히 다시 만나게 되었다. 그리곤 어떤 상황에 의해 두 사람 사이에 있던 장애물은 극복할 수 있는 걸로 바뀌었고 결국 사랑의 결실을 맺게 되었다. A씨의 사랑을 그 상대방이 받아들였고, 두 사람은 사랑을 이루었다.

꿈속 상징은 살아온 배경에 따라 달라진다

A씨가 꾼 이 악수의 꿈은 상징으로 나타난 예지몽이다. A씨는 평생 누군가와 악수하는 꿈은 그때가 처음이자 마지막이라고 했다. A씨의 악수하는 꿈에서 '악수'는 사랑의 결실을 상징한다. 그리고 그 꿈속에 나타나 악수했던 당사자가 그대로 투시된 꿈이다. 그러니까 이 꿈은 대상은 그대로 투시했고, 그 행위는 상징으로 나타난 셈이다.

그리고 A씨의 이 예지몽에선 꿈을 꾼 시점과 실제로 그 꿈이 이루어진 시점 사이에는 근 10여 년 이상의 시간이 걸렸다. 그러니까 예지몽이 실제 현실에서 이뤄지는 그 기간은 정말로 그때그때마다 다른 것이다. 이 사례처럼 10여 년 이상이 걸릴지도 모른다.

이 꿈을 통해서 우리는 예지몽이 상징으로 나타나 미래를 보여준다는 것을 알 수 있다. 그런데 악수하는 것이 일상인 사람에겐 '악수'가 '사랑의 결실'을 상징하는 것은 아니다. 평소 자주 하는 행위인 '악수'가 상징으로는 그 사람에겐 표현되지 않기 때문이다. 하지만 A씨의 경우에는 실제 생활에서 악수를 하는 일이 거의 없었기 때문에, '사랑의 결실'을 상징하는 그 해몽의 기본 원칙대로 간 것이다.

『꿈은 말한다』에도 이런 이야기가 나온다. '상징'이란 개인의 경험과 살아온 배경에 따라 다르게 나타난다는 것이다. 그래서 각 개인마다 상징으로 나타나는 대상에 대한 해석이 다를 수 있다. 본인이 그걸 더 잘 알 수 있는 것이다. 그러니까 『꿈은 말한다』에 따르면 모든 사람 꿈에 절대적으로 똑같은 상징의 해석은 적용될 수 없다.

단지 A씨의 꿈에선 '악수'가 '사랑의 상징'으로 나타나는 보편성이 그대로 적용되었던 사례이다. 보통 사람에겐 이런 상징이 적용되는 경우가 많다. 하지만 여러 번 강조하는 것이지만 이 예지몽의 사례가 절대적으로 모든 사람에게, 모든 경우에 해당한다는 걸 의미하지는 않는다.

일단 우리는 보편적으로 상징이 의미하는 것을 알아두면 된다. 그 다음에는 자신의 경험에서 그 상징이 의미하는 게 자신만의 경험치 안에서 특수하게 뭔가를 나타내는 게 아닌가 하는 이중적, 다차원적인 적용을 해볼 필요가 있다. 그 속에서 꿈을 꾼 당사자만이 파악할 수 있는 둘 사이의 이어지는 관계를 찾을 수 있을 것이다. 이건 꿈을 꾸고 난 뒤 메모해두었다가 자꾸 해석해보는 습관과 훈련을 해보면 그리 어렵지 않다. 이제부터라도 꿈일지를 작성해 보자. 그리고 꿈을 해석하는 연습을 매일 해보면 꿈과 금방 친해질 것이다.

5

미래의 불운을
피할 수 있는 예지몽

미래에 일어날 불행한 일을 미리 방지할 수 있을까? 꿈을 통해 우리는 미래에 일어날 일을 알 수 있고, 또 다가올 안 좋은 일을 미리 막을 수도 있다. 『꿈은 말한다』에서도 저자인 테레즈 더켓은 자신이 겪은 실제 사례를 밝히고 있다. 아주 신기한 경험이기 때문에 『꿈은 말한다』의 231쪽과 232쪽에 나오는 '경고하는 꿈'의 내용 일부를 그대로 옮겨 본다.

꿈에서 죽음이 나오는 것은 인생의 변화를 알리는 경우가 대부분이지만, 어떤 위험이나 실제로 죽을 수 있다는 사실을 경고할 때도 있다. 역사적으로 유명한 사람들 중 자신의 죽음을 꿈에서 보았거나 다른 사람의 꿈을 통해 안 사람이 많다.

링컨은 침대 거울에 두 명의 자신이 비친 꿈을 꾸었다. 한 명은 건강한 모습이었고 또 한 명은 죽은 유령이었다. 꿈에서 경고를 들으면 걱정하지 말고, 그 꿈이 암시하는 게 상징인지 아닌지를 먼저 생각하자. 변화나 성장을 상징하는 꿈이라면 여러분을 그 방향으로 인도할 것이다. 웨인의 꿈이 그러했다.

그러나 경고를 말하는 꿈같다면 그 사인을 놓치지 말아야 한다. 그런 꿈에선 흔히 무언가 급박한 느낌이 들어 불안 속에서 잠을 깰 것이다. 나는 고맙게도 그런 경험이 많다. 몇 년 전에도 경고를 주는 꿈을 꾸어서 나는 물론이고 다른 사람들의 목숨도 여럿 구했다. 당시 나는 숲이 울창한 시골에 살고 있었는데, 그날 출근하기 전에 다음 꿈을 꾸었다.

"큰 차를 운전하고 있었는데 갑자기 차가 제멋대로 갔다. 차가 여기저기 부딪치면서 차 뒤에 맨 줄이 끊어졌다. 그러자 뒤에 매달았던 것들이 다 쏟아졌다."

이 꿈 때문에 불안해서 그날 출근길에는 평소보다 더 조심해서 운전을 했다. 눈앞의 도로만 뚫어지게 보고 가느라 늘 감상하며 지나가던 양옆의 멋진 숲에도 눈길 한번 주지 않을 정도였다. 코너 한 군데를 돌 때 갑자기 캥거루가 한 마리 튀어나왔다. 하지만 천천히 가던 덕분에 무사했다. 반사적으로 핸들을 180도 꺾어서 캥거루와 부딪히지 않았다. 속력을 줄여서 가던 덕에 차가 미끄러져서 뒤집히는 일도 없었다. 만약에 조심하지 않았더라면 내 뒤에 차가 많았고 러시아워였기 때문에 여러 사람이 다치는 큰 사고가 날 뻔했다.

나도 꿈에서 경고하는 메시지에 귀를 기울여서 방지를 한 적이 있다. 아버지가 돌아가시고 열 달이 다 되어가는 시점이었다. 꿈을 꾸었는데, 죽은 아버지가 내 차를 운전해서 나와 다른 사람들을 태우고 주차장에서 나가려고 하는 꿈을 꾸었다.

다행히 차가 주차장을 빠져나가기 전에 그 꿈의 섬뜩한 분위기에 놀라서 벌떡 깨어났다. 아버지가 돌아가신 후 그때까지 꿈에 나왔던 아버지 표정은 다 괜찮았는데, 이날 꿈만은 무미건조하고 아무런 표정이 없었다. 아무 말이 없어 무섭기까지 했다. 꿈속에선 아버지가 죽은 사람이라는 사실을 알지 못했다.

이 꿈을 꾸고 나서 좀 섬뜩한 느낌이 들었다. 꿈속에서도 역시 섬뜩한 기분이었으니까. 도대체 이 꿈이 암시하는 건 무엇일까. 나는 계속 생각했다. 그 당시 일산으로 이사를 오고 나서 계속 차를 사용할 일이 없어 주차장에 세워두는 일이 많았다. 그즈음 차를 팔까 말까 망설이고 있는 중에 이 꿈을 꾸고 나니까 뭔가 확신이 들었다.

죽은 아버지가 무표정하게 내 차를 운전해서 어디론가 가는 꿈을 꾸다가 놀라서 깨어난 꿈은 뭔가 경고를 하는 것 같았다. 그 섬뜩한 꿈속 기분은 그냥 지나치기엔 너무 강했다. 내가 이 차를 계속 운전하면 안 된다는 걸 암시하는 건 아닌가 하는 생각이 들었다. 이 꿈을 꾸고 난 이후 계속 기분이 찜찜해서 운전하기가 싫어졌다. 운전을 하더라도 내가 그때 갖고 있던 차를 타면 안 될 것 같았다. 꿈속에선 바로 QM5 내 차였던 것이다. 그 차의 모양과 내 차라는 인식이 꿈속에서 확실하게 인식이 되었다.

아버지가 전달하려는 메시지가 무엇일까. 꿈이 전달하려는 메시지가 무엇일까. 그건 이 차를 운전하면 어디론가, 저승으로 간다는 뜻이 아니었을까. 난 일단 그렇게 해석했다. 만일 괜찮은 꿈이었다면 그렇게 무표정하고 무서운 얼굴의 아버지 모습이 꿈속에 나타날 리는 없었을 것이기 때문이다. 나는 당장 차를 팔기로 최종 결심했고, 결국 중고상을 소개받아 팔았다. 내가 차를 잘 관리하는 습관 덕분으로 시세에 비해 괜찮은 가격에 팔아서 만족스러웠다.

자기 꿈은 자신이 제일 잘 풀이할 수 있다

내가 만일 그 차를 계속 운전했더라면 어땠을까. 입증은 할 수 없는 꿈의 결과이지만, 난 그 꿈의 메시지가 차를 팔라는 걸 암시한다는 걸 확신했다. 왜냐고? 무서운 꿈의 분위기에 그런 직감이 들었기 때문이다. 자기 꿈의 상징과 꿈속 분위기는 자기가 제일 잘 안다. 꿈속에서의 어떤 세밀한 느낌까지 본인이 제일 잘 알 수 있기 때문이다. 그게 좋은 느낌인지, 아닌지는 자기가 제일 잘 안다. 그럼 그 느낌대로 행동하면 된다.

이 꿈은 분명히 안 좋은 메시지를 던져 주는 분위기의 꿈이었다. 그래서 나는 꿈속에서 가장 부각되는 차에 집중했고, 그 차를 팔 것인지, 말 것인지 고민하던 현실 상황에 적용했다. 내가 그 차를 팔지 않았다면 난 계속 그 꿈을 의식했을 것이고, 운전할 때마다 자꾸 꿈이 생각나 불안했을 것이다. 어쨌든 결과적으로는 잘한 것 같다.

불운을 가져다주는 꿈은 그 꿈속에서 느껴지는 감정이나 분위기에 집중해 해석하면 된다. 등장하는 인물의 표정이나 그 상황의 분위기를 통해 앞으로 일어날 일이 좋은 일인지, 아닌지도 짐작할 수 있다. 내가 이 꿈을 꿀 당시에는 더 확실한 메시지를 증거로 삼을 수 있는 디테일한 꿈 내용이 있었는데, 한 2년 지나다 보니 잊어버렸다. 그런데 그 당시에는 확실한 꿈해몽을 할 수 있는 단서들이 꿈속에 많이 있었던 것 같다. 그 분위기는 아직도 기억나지만 말이다.

어쨌든 우리는 꿈을 통해 미래에 일어날 불행을 미리 알고 막을 수 있다. 꿈은 우리가 갖고 있는 무의식의 초에너지를 통해 미래도 볼 수 있는 힘이 있는 것 같다. 그러니 꿈의 목소리를 듣는 일은 얼마나 중요한 것인가. 우리 무의식 속에 감춰진 이런 능력을 깨워 발휘하고 살면, 이 세상을 사는 게 좀 더 쉬울 것이다. 안 좋은 일도 미리 예방하고 말이다. 그런 지혜를 주는 것이 바로 꿈이다.

꿈도 바로 우리의 능력이다. 그 꿈의 목소리를 듣는 방법을 배워 우리의 능력을 발휘하고 살자. 꿈의 목소리에 귀 기울인다면 보다 더 현명한 판단을 할 수 있고, 인생이 덜 꼬일 수 있다. 꿈의 언어를 배워라!

『꿈은 말한다』는 이 꿈의 언어를 배우는 총론과 각론이 다 갖춰진 책이다. 꿈의 언어에 더 관심이 있다면 참고하면 좋을 것이다. 꿈의 언어에 익숙하지 않다면 반복해서 훈련하는 것이 필요하다. 뭐든지 훈련하지 않으면 발달할 수 없다. 몸의 근육을 단련해야 근육질이 되듯이, 우리가 꿈의 언어를 배우는데도 꿈에 대한 구조를 익히고 해석하는 내용을 반복적으로 접하는 것이 필수이다. 그 틀만 익히면 대부분의 꿈들이 무엇을 말하는지 쉽게 이해할 수 있을 것이다.

6

'대박'을 암시하는
오리 꿈의 예지몽

이번에는 횡재하거나 대박을 치는 예지몽에 대해 이야기하겠다. 대박을 상징하거나 횡재를 암시하는 꿈은 여러 가지가 있을 것이다. 하지만 항상 검증된 자료만 이용하는 탓에 지인이 꿈을 꾸었던 한 가지 사례를 예로 들어 설명하겠다.

대박 꿈은 여러 소재가 이용될 수 있다. 소위 돼지꿈이나, 큰 홍수가 나는 꿈이나, 똥통에 빠지는 꿈이나 여러 가지가 있을 수 있겠지만, 여기에 예로 드는 건 오리 꿈이다. 제법 큰 재물이 생기는 꿈의 소재는 흔히 돼지나 똥이나 돈이라고 생각한다. 그러나 다른 아이템도 물론 있고, 또 소재만 같다고 다 횡재하거나 재물이 생기는 꿈은 아니다.

예를 들어 돼지꿈이 횡재나 재물을 가져온다고 아무 돼지꿈이나 꾸고 나서 복권을 사거나 기대를 하면 안 된다. 돼지도 튼실한 돼지가 품에 안기거나 하는 것은 태몽일 수도 있다. 반대로 돼지가 집을 나가는 꿈은 복이 나가는 것이다. 또 돼지가 비쩍 말랐거나 돼지 상태가 안 좋은 게 집안에 들어오는 꿈을 꾸면 그건 아무리 돼지꿈을 꾸었다고 해도 좋은 꿈이 아니다.

이처럼 꿈에서 나타나는 소재만 갖고 꿈 풀이를 하거나 해몽을 하는 건 '하수(下手)'에 속한다. 그럼 고수의 꿈 풀이는 어떤 걸까. 그건 꿈속에서 그 대상이 어떤 모습으로 나타났고, 전후의 상황이 어떤지, 또 그 꿈을 꿀 때 기분이 어땠는지에 따라 해몽이나 꿈의 해석은 천양지차로 달라진다.

가장 중요한 건, 틀리지 않는 건 그 꿈을 꿀 때 기분상태라고 한다. 꿈을 잘 해석할 수 없겠다면 그때 자신의 기분 상태만 떠올려도 절반은 해석이 된 셈이다. 꿈을 꿀 때 기분이 좋았다면 내용과 상황에 상관없이 좋은 꿈이다. 그 반대이면 두 가지로 해석된다.

꿈을 꿀 때 상황이 기분이 몹시 나빴다면 정말 안 좋은 꿈이다. 반면에 기분이 나쁜 건 아니었는데 겁이 나고 두려웠다면, 예를 들어 집안에 큰 돼지가 들어왔는데 무섭거나 두려웠다면 꼭 나쁜 꿈은 아니다. 그 돼지 상태가 아주 좋다면 무척 좋은 일이 일어났을 때 생길 수 있는 벅찬 기분이나 어떤 압도적인 기분 때문에 두렵거나 무섭게 꿈속에 나타날 수 있다.

다시 돌아가서 오리 꿈에 대해 이야기해보겠다. 이건 지인의 실제 꿈이기 때문에 좀 세밀하게 설명해 보겠다. 오리 꿈은 돼지나 똥이나 돈이나 물 꿈에 비해 우리가 흔히 잘 모르는 꿈의 내용이기에 그 의미가 있다고 하겠다. 내가 아는 지인은 편의상 A씨

167

라고 하자.

A씨는 어느 날 한 무리의 오리 떼들이 집안으로 들어오는 꿈을 꾸었다. 그 당시 A씨는 재정적으로 좀 힘든 시기였다. 그런데 꿈속에서 진짜 자기 집은 아니었지만, 자기 집이라고 여겨지는 집안으로 한 무리의 오리 떼들이 꽥꽥 큰 소리를 지르며 들어왔다고 한다. 그런데 자기가 그 위에 헹가래를 하듯이 눕혀 있었다는 것이다. 수십 마리의 오리들은 모여서 A씨를 자기들 머리 위에 눕히고 헹가래처럼 몰고는 집안으로 들어왔다. 파닥파닥 날개를 치면서 종종걸음으로 우르르 몰려들어오는 꿈을 꾼 것이다.

꿈의 언어인 상징과 은유

A씨는 평생 한번도 꾼 적이 없고, 다른 사람들에게도 들어본 적이 없는 이 꿈이 정말 신기했다. 주변 사람들에게 물어도 이런 꿈을 꾼 적이 없다고 했다. 그런데 이 꿈을 꾸고 얼마 뒤 제법 큰 재물이 생겼다. 꿈이 실현되기까지는 몇 달 정도 시간이 지난 후였다는 것이다.

사실 A씨는 이 꿈을 꾸고 나서 인터넷에서 꿈에 대한 자료를 검색하면서 꿈의 해몽을 얻었다. 오리 떼들이 우르르 집안으로 자신을 싣고 들어오는 것은 횡재하는 꿈이라는 해몽이었다. 그리고 그 날갯짓의 '착착'거리는 소리는 은행계좌에 돈이 '착착-'

하며 찍히는 소리를 암시한다고 했다.

A씨는 이 꿈의 해석을 놓고 설마 그럴까 싶었다. 그당시 A씨에게는 횡재할 일이 있거나 재물이 생길 일이 없어 보였기 때문이다. 그러나 A씨가 이 꿈을 거의 잊어갈 무렵인 몇 달 뒤에 정말 난데없이 그런 일이 생긴 것이다. 갑자기 일어난 일이었다. 뜻밖의 계약이 성사되었고, 제법 많은 재물이 생겼다. A씨는 이 꿈이 참 신기한 예지몽이라고 생각하며, 그 당시 꿈의 자료를 모으고 있던 나에게 알려주었다. 나도 이 꿈 이야기가 흔하지 않은 소재였고, 실제로 그리 길지 않은 시간 안에 실현된 좋은 해몽 자료라 반가웠다.

오리 꿈이 대박이 난다는, 적어도 큰 재물이 생기거나, 횡재를 한다거나, 아주 좋은 일이 생기거나 한다는 해몽은 흔하게 찾아지지는 않는다. 그러나 이렇게 오리들이 무리를 지어 집안으로 꽥꽥 소리를 내며 들어오는 꿈은 재물이 생기는 꿈이니, 혹시라도 꾸게 된다면 이 꿈의 해석을 잘 활용하기 바란다. 그리고 찾아올 행운에 대비해 미리 마음의 준비를 해두거나, 현재 상태가 팍팍하고 힘들더라도 희망을 갖고 기다리면 어떨까. 삶에 활기를 주는 비타민으로 이 해몽을 활용하면 좋을 것이다.

꿈은 이처럼 미래를 미리 알게도 해주기 때문에 현재를 살아가는 우리들에게 희망을 준다. 또는 미리 대비를 할 수 있도록 도와준다. 그러므로 꿈해몽이나 꿈의 해석은 심리적 문제를 치유해줄 뿐만 아니라, 미래에 일어날 일의 종류 정도는 알게 해준다. 내가 꾼 꿈이 좋은 일의 상징인지, 나쁜 일의 상징인지, 혹은

169

미레가 밝은지, 어두운지까지 어느 정도는 예측해볼 수 있다.

우리에겐 미래를 볼 수 있는 능력이 있다. 그런데도 깨어 있는 우리 자신만 인정하기 때문에 앞날을 알려주는 꿈의 기능을 모르고 사는 경우가 많다. 꿈도, 무의식도 역시 우리 자신의 일부분이다. 우리는 이제 꿈이 말해주는 것들에 관심을 기울여야 하지 않을까. 꿈을 잘 활용하는 사람이 자신의 전부를 다 발휘하면서 사는 사람이다. 한마디로 경쟁력이 더 있는 사람일 것이다.

그러므로 우리는 꿈이 말해주는 메시지에 더 귀를 기울여야 한다. 꿈의 언어인 상징과 은유를 아는 방법을 배워야 한다. 그러면 우리는 '대박의 꿈'도 미리 알고 희망을 잃지 않을 수 있다.

7

용꿈으로 나타난 예지몽

예지몽엔 정말 강력한 상징이 나타나곤 한다. 용처럼 이 세상에 존재하지 않는 것도 자유자재로 나올 수 있는 세상이 바로 꿈속 세계이다. 예지몽을 실제로 체험했다는 사람들이 상당수 있다. 그 중에서도 정말 강력한 사례 한 가지를 그대로 전한다. 올해 '꿈은 말한다' 게시판에 올라왔던 사연이다. 한 편의 영화처럼 정말 몰입도가 최상이다. 그만큼 또 아주 재미있고 신기한 꿈이기도 하다. 예지몽에 대해 더 이상의 설명이 필요 없는 실제 사례라고 생각한다.

렉***님이 게시판에 올려주신 꿈

아직까지 기억에 남아 있는 용꿈에 대해서 얘기해보려고 합니다. 아주 오래진 꿈이에요. 제가 중학교 1학년 때인가 2학년 때이니까요. 전 부산에서 살다가 초등학교 5학년 때 대구로 이사를 왔습니다. 그래서인지 부산에 대한 기억이 희미함과 동시에 그리움을 많이 느끼고 있었습니다. 꿈의 배경이 부산이 되었던 적도 여러 번 있었는데 용꿈도 그 중 하나였지요.

꿈속에선 초등학교가 언덕을 한참 올라가야 있었습니다. 몇몇 사람들(누구인지 모름)과 언덕길을 올라가는데 꿈속에서도 희한하다고 생각했던 게 그 언덕 옆으로 여러 채의 집이 있었습니다. 그런데 그 집 지붕이 언덕 높이와 같아 양쪽으로 집 지붕을 내려다보며 올라가는 것이었습니다.

그렇게 한참을 올라가다 보니 제가 다니던 학교가 나왔습니다. 그리고 친구들과 운동장에서 놀다가 어떤 소리가 들려 그 소리가 나는 곳으로 발을 옮겼습니다. 당시엔 강당이란 게 없었는데 꿈속에선 강당 같은 곳에서 소리가 새어나오고 있었습니다. 문이 조금 열려 있어 조심스레 안을 들여다보니 한 할아버지가 TV를 보고 계셨습니다.

흑백 TV이었고 그 화면을 계속 바라보고 계셨습니다. 얼마 뒤 화면은 아무것도 나오지 않는 '지지직-'거리는 상태로 변했고, 그제야 할아버지가 뒤를 확 돌아다보았는데 저희와 눈이 마주쳤습니다. 인상을 쓰고 계셨고 너무 험상궂은 표정이라 친구들과 저는 겁을 먹고 미친 듯이 도망치기 시작했습니다.

험악한 인상의 할아버지와 용, 그리고 여의주

그렇게 한참을 뛰어오다 어느새 친구와 저, 단 둘이를 제외한 나머지는 온 데 간 데 보이지 않았습니다. 그리고 뒤를 보니 여의주를 물고 있는 용 한 마리가 저희를 따라오고 있었습니다. 기겁을 한 친구와 저는 그 와중에도 집 방향이 달라 각자의 집 방향으로 도망을 쳤습니다. 그리고 제발 날 따라오지 않았으면 했는데 뒤를 돌아보니 어느새 용은 친구가 아닌 절 쫓아오고 있었습니다.

그 험악한 인상을 짓고 있는 할아버지가 저희를 휙- 돌아다보고 난 후 손으로 아래를 가리키며 무엇인가에 명령을 했고, 그 후에 용이 저희를 따라왔던 것입니다.

전 죽어라 뛰었고 집에 도착하자마자 대문을 열고 들어가 2층으로 올라가서 집안으로 숨었습니다. 그런데 특이한 게 분명 배경은 부산의 예전 초등학교였는데 도망쳐온 집은 당시 살고 있던 대구의 집이었습니다.

그렇게 집에서 숨어 있다가 용이 갔나, 안 갔나 확인해보려 문을 열고 나갔습니다. 그리고 2층에서 대문 쪽을 바라다보았습니다. 용은 대문 앞에 김이 모락모락 올라오는 커다란 빨간 여의주만 놓아두고 사라졌습니다. 안도를 하며 잠에서 깼고 용꿈을 꿔본 적도 없고 용에 관심도 없던 저였기에 특이하다고만 생각하며 그냥 그러고 살았습니다.

그리고 일주일 후…… 아빠의 심부름으로 슈퍼에 다녀왔습니다. 가서 이것저것 간식거리를 고민하다 한참 만에 빵과 우유를 사들고 집으로 왔습니다. 그런데 들어오자마자 아빠가 저를 꽉 껴안았습니다. 잘 안 그러시는 아빤데…….

알고 보니 제가 슈퍼에 간 사이 집에 전화가 왔고, 제가 재미 삼아 응모했던 컴퓨터 업체에서 경품 1등으로 자동차에 당첨이 되었다는 것입니다. 저는 대구에서 응모를 했지만, 전국 각지에서 응모를 했고 그 응모권을 전부 서울로 보내 추첨을 했답니다. 그런데 제가 1등도 모자라 5등까지 같이 당첨되었던 것입니다.

중복당첨이라 1등 상품만 주었지만 같이 응모했던 친구들은 응모장을 수십 장 써넣었는데도 불구하고 제 것만 당첨이 된 것도 신기했습니다. 당시 중학생이었던 저는 차도 몰 수 없었고, 집에 차도 있었습니다. 결국 그 차는 공장에서 나오자마자 다른 분께 팔아버렸습니다.

그 이후로 저는 꿈을 단순한 꿈으로만 여기지 않게 되었습니다. 그래서 뭔가 기억에 남을 만한 꿈을 꾸게 되면 인터넷 검색을 해보곤 한답니다. 앞으로 이 카페에서 많은 걸 공유하고 배울 수 있었으면 좋겠네요.

fj* : 우와! 정말 신기하네요! 앞으로 꿈 이야기 많이 올려주세요.**

답변 : 용꿈 이야기 잘 들었습니다. 참 신기하네요. 완전히 상징적인 예지 몽을 꾸신 거군요! 보통 어떤 무서운 존재가 꿈속에서 막 쫓아오는 긴박한 상황에서 잠이 깨면 대박. 내지 중박의 좋은 일이 생기는 경우가 간혹 있네요. 좋은 꿈의 해석 자료로 잘 봤습니다.

앞으로도 님이 꾼 신기한 꿈 이야기 많이 올려주세요. 다른 분들에게도 도움이 될 것 같습니다. 제가 다음에 꿈책을 쓸 때에도 정말 큰 도움이 되겠네요. 앞으로도 꿈 이야기 기대할게요!

8

예지몽인지, 아닌지
썸 타는 꿈의 구별법

우리가 꿈해몽을 하는 가장 큰 이유는 혹시나 미래를 예측하는 예지몽이 아닐까 하는 호기심 때문이다. 그런데 하룻밤에 여러 가지 꿈을 꾸었는데 어떤 건 예지몽인 것도 같고, 또 어떤 것은 아닌 것도 같고 애매모호할 때가 많다. 또 꿈 자체가 예지몽인지 아닌지 헷갈린다.

그럼 이럴 때는 어떤 기준이 필요할까. 일단 예지몽은 강한 상징적 코드가 으레 나온다. 우리가 잘 아는 돼지꿈, 홍수꿈, 용꿈 등 아주 강렬한 상징들이다. 그래서 꿈에서 깨고 나면 해몽에 대해 잘 몰라도 느낌이란 게 슬며시 올라온다. '혹시 이게 예지몽이 아닐까?'

보통 너무 강렬하고 잊히지 않는 강력한 기억이 남는 예지몽은 자기 판단이 대체로 맞다. 간혹 틀릴 수도 있지만, 아주 인상적인 꿈은 예지몽이 맞는 경우가 많다. 그 예지몽의 기준이 있다면 하룻밤에 여러 가지 꿈을 꾸었을 때 다른 꿈 역시 예지몽인지, 아닌지도 감별해볼 수 있지 않을까.

다음에 나오는 실제 사례의 꿈을 통해, 여러 가지 다른 꿈들이 기억에 남을 때 과연 예지몽인지, 아닌지를 알아보는 기준에 대해 한번 살펴보자. 다른 사람들의 꿈을 객관적으로 들여다보는 연습을 자주 하다 보면 자신의 꿈도 객관적으로 바라볼 수 있는 시선이 생길 것이다. 다른 모든 것과 마찬가지로 꿈해몽도 훈련을 많이 하면 할수록 꿈의 구조에 더 쉽게 다가갈 수 있다. 곧 꿈을 더 잘 이해할 수 있게 된다.

실제 사례 *mail***님의 꿈(2014. 10. 11.)

[1] 앵무새를 분양 받으려고 하는 꿈

꿈을 꾸는 내내 행복했습니다. 꿈속에서 가족들과 어느 집에 갔습니다. 새장 속에 앵무새가 정말 많았고 아주 큰 크기에 형광 자주색에 형광 파란색이 섞인 색상의 앵무새, 크기는 그 만큼 크지는 않고 형광 노란색의 앵무새 등 크기도 종류도 다양했습니다. 색상도 화려하고 정말 예뻤으며 앵무새가 말도 잘 듣고 예쁘게 했습니다. 앵무새는 무척 사랑스러웠습니다.

그중 제 말을 정말 잘 듣고 예쁜 앵무새가 있었는데 그 앵무새를 데려가고 싶었습니다. 전 가족들 동의 없이 이 앵무새를 키우기로 결정했고 앵무새 주인에게 이 아이를 분양 받겠다고 했습니다. 가족들의 동의는 없었지만 분양을 받겠다는 말에 가족들 모두가 호의적이었습니다. 분양 받을 앵무새는 학창시절에 키웠던 앵무새와 색상(형광 노랑)이 비슷했고(하지만 꿈 속 앵무새는 크기는 좀 더 큰 종임) 키웠던 앵무새 보다 말하는 실력은 더 뛰어났습니다.

또, 실제 키우던 앵무새의 이름과 꿈 속 앵무새의 이름이 비슷했는지 같았는지 하였는데, 그 사실을 꿈속에서도 인지했습니다. 무료로 분양 받았는지 정확한 금액은 나오지 않았지만 제 스스로 분양비가 생각보다 굉장히 싸다는 것을 인식하고 있었던 듯합니다. 주인은 앵무새의 집부터 먹이까지 다 챙기고 있었는데 저는 새똥으로 가득한 앵무새의 집을 보고, "저 집도 씻어주세요"라고 요청했고, 주인은 알겠다면서 그 말에 기분 나빠하지 않았으며 이미 세척하려 했던 듯합니다.

그러다가 통에 흰 색의 번데기처럼 생긴 것이 있었는데 번데기가 아닌 새하얀 애벌레였습니다. 사실 전 벌레라면 기겁을 하며 난리를 치는데 벌레를 손으로 만졌을 첫 순간에는 기겁을 할 뻔하다가 우리가 분양받을 앵무새의 먹이라는 얘기를 듣고 마음이 차분해졌고, 애벌레가 무섭지 않았습니다.

심리적인 꿈인 걸까요?

심리적인 꿈이라면 또 위안을 위한 꿈인 걸까요?

답변 1

이 꿈은 언제 꾼 건가요? 꿈을 꾼 시점도 함께 알려주시면 더 정확한 해석이 나올 텐데요. 자, 일단 이 꿈을 단적으로 보자면 좋은 꿈입니다. '꿈꾸는 내내 행복했다……', 이게 핵심 포인트죠.

전에도 자주 말했지만 꿈속에서 '감정'은 현실과 동일하게 해석하면 됩니다. 꿈속 '행위'는 반대로 해석하는 경우도 많지만, 감정 부분은 거의 90퍼센트 이상 현실과 동일하게 해석합니다.

그런데 이 꿈에선 행복한 분위기가 정말 전체적으로 계속 느껴지는군요. 그리고 애벌레가 나오는 부분도 길몽을 암시하고 있는 것 같군요. 이 꿈을 꾼 시기가 언제인지는 모르겠지만, 새로운 배우자 또는 애인 혹은 동반자(?) 등이 나타날 걸 암시하는 꿈 같아요.

그것도 '싸게' 분양을 받았다는 건 님이 그렇게 많은 노력을 기울이지 않고도 그 만남이 잘 이루어질 걸 암시하는 것 같네요. 그리고 애벌레는 뭔가 결과물 같은 느낌이 드네요. 그 만남에 대한 결과물이랄까, 하여튼 그것도 풍성할 걸 암시하는 것 같습니다. 요즘 동물 꿈을 자주 꾸는 이유는 그 소재를 많이 접했거나 알게 모르게 님의 무의식 속에 저장이 많이 됐던 것 같네요.

댓글

mail*** : 꿈은 앞서 적은 멧돼지 꿈과 같은 날인 어제 꾸었고 아마 멧돼지 꿈 전후에 꾸었는지는 잘 모르겠습니다. 전후에 따라서도 해석이 달라질까요?

답변 : 멧돼지 꿈과 이어서 꾼 건 아니죠? 깨고 나서 꾼 건가요? 아니면 이어서 꾼 건가요? 이어서 꾼 거라면 멧돼지 꿈이 확실히 길몽이 되겠네요. 이 게시판을 통해 꿈의 메커니즘을 분석해 본 결과 한 가지 결실을 얻었죠. 바로 잠에서 깨지 않고 이어서 꾸는 꿈은 같은 맥락을 띠고 있다는 겁니다. 어쨌든 이 꿈은 길몽입니다.

mail*** : 멧돼지 꿈을 꾸고 나서 앵무새 꿈을 꾼 것 같은데 이어서 꾼 것인지 깬 후 다시 꾼 것인지 잘 모르겠어요. 이어서 꾸었을 경우엔 어떻게 해석할 수 있는지요? 깬 후 꾼 것이라면 멧돼지는 일적으로, 앵무새는 연애 부분으로 해석하면 되지요? 또 깬 후 꾼 것이더라도 두 가지 모두 길몽이 될 수 있지요?

답변 : 이어서 꿈을 꾸었다면 앵무새 꿈이 길몽이 확실하니 멧돼지 꿈도 길몽인 게 백 퍼센트 확실하죠. 그런데 두 꿈 사이에 간극이 있다면 앵무새 꿈은 길몽이 확실한데 멧돼지 꿈은 또 다른 카테고리로 묶어지니까 아까도 말했듯이 길몽일 수도 있고, 심리적으로 해석될 여지가 조금은 있다는 것이죠. 하지만 두 꿈이 어떤 간극 없이 이어서 꾼 꿈이라면 멧돼지 꿈이 백 퍼센트 길몽이고 심리적 해석의 여지는 사라지는 거죠.

mail*** : 이어서 꾼 것인지에 대한 기억이 난다면 남은 궁금증이 풀릴 텐데 기억이 안 나네요. 어찌됐든 이어서 꿨든, 끊겨서 꿨든 한 가지는 확실히 길몽이라는 데에 기분이 좋습니다.

그런데 갑자기 궁금증이 생겨서 여쭤봅니다. 그냥 꿈이란 것을 해석하는 흐름에 대한 궁금증입니다. 이 꿈을 예로 여쭤보겠습니다. 멧돼지 꿈과 앵무새 꿈이 간극(꿈의 간극이라면 중간의 다른 꿈의 존재여부와 상관없이 꿈의 깸이 없었다는 걸까요?)이 없었다고 친다면 멧돼지 꿈은 길몽이 될 테고, 앵무새 꿈을 연애에 관한 꿈으로 해석해주셨는데 그렇다면 멧돼지 꿈은 연애에 관한 흐름으로 풀 수 있는 걸까요? 전부터 여러 개의 꿈들을 한날에 꾸었을 때 그 꿈들이 연결되는 흐름으로 해석되는지가 궁금했습니다.

답변 : 네, 맞습니다. 잠을 중간에 잠시라도 깨지 않았다면 꿈의 흐름은 같은 방향을 가리키고 있고, 또한 문제도 같은 것일 겁니다. 같은 주제인데 다른 소재로 계속 다르게 표현하는 것이죠. 그러고 보니 꿈은 마치 예술가 같네요. 다른 소재로 같은 걸 표현하는 아주 훌륭한 예술가이군요.

[2] 멧돼지를 총으로 쏴 죽이는 꿈

꿈속에서 친구들이 등장했습니다. 배경은 산 속이었고 첫 시작이 산 속에서 시작되었습니다. 솔직히 앞부분은 생각이 나지 않고 다 같이 산에 오른 이유도 모르겠습니다. 하지만 확실히 기억나는 부분 하나가 있습니다. 어떤 친구가 총을 몇 구 들고 있었고, 그 총을 들고 있는 이유는 멧돼지를 죽이기 위해서인 듯했습니다. 앞서 산을 오른 이유를 모른다고 했는데 어찌 보면 멧돼지 사냥이 이유일 수도 있겠습니다.

멧돼지가 등장할 것 같았습니다. 그래서 다들 총을 쏘기 위해 몸을 숨겼습니다. 몇 무리는 오르막의 위쪽, 저는 아래쪽에 숨었는데 아래쪽에 숨은 사람들은 총을 가지고 있지 않았습니다. 그 배경은 산의 오르막이었고 오른쪽에는 진입하지 못하도록 막아 놓은 철망이 있었던 듯합니다(평소 산보를 다니는 길 배경과 흡사). 멧돼지는 내려오고 있는데 위에 숨은 친구들은 시시덕거리기나 하고 멧돼지를 잡을 노력도 하지 않았습니다(평소 그 친구들에 대해 이와 비슷하게 평가).

아래쪽에 숨어 있던 저는 위쪽에 있던 한 친구의 총을 빼앗았는지, 총을 달라고 소리쳐서 받아냈는지 하여 총 한 자루를 잡았습니다. 원하던 총이 아니었고 조준하는 방식이 제가 알던 것과 달라 조준이 잘 되지는 않았으나 나름 흡족했습니다.

총을 잡자마자 이미 제 눈앞에서 저에게 달려드는 거대하고 성난 멧돼지를 여러 발 쏴 맞춰 죽였습니다(머리를 쏴 한번에 죽이고 싶었지만 잘 죽지도 않을 뿐더러 머리에 맞지도 않았습니다). 그리고 계속해서 멧돼지가 내려왔고 전 계속 총을 쏘았으며 그 후는 다른 꿈으로 넘어갔는지 제 기억 속에 없는 것인지 잘 모르겠습니다. 요즘 계속 동물 꿈만 꾸네요. 계속 심리적으로 위안을 받으려고 하는 것일까요?

답변 2

꿈속에서 사람이든 동물이든 죽거나 죽이는 꿈은 길몽이죠. 이 꿈에선 멧돼지가 나왔네요! 돼지꿈이군요. 보통 죽이면 좋긴 한데 돼지가 꿈속에서 살아 있는 상태가 좋은 꿈일 수 있어요. 하지만 이 꿈에선 꿈속 의지가 죽이는 걸 목표로 하고 있기 때문에 목표를 실현한 꿈이므로 좋은 꿈이라고 할 수 있죠.

또 산을 오르는 꿈은 험난한 과정을 암시하고, 산길을 쉽게 내려오는 건 일이 쉽게 풀리는 걸 암시하죠. 그런데 이 꿈에선 일단 산을 올라 멧돼지를 잡았네요. 그러니 전체적으로 보자면 어떤 일을 성취하기 위해서 험난한 과정을 거쳐야 이룰 수 있다는 걸 암시하는 것 같아요.

'중간에 조준이 잘 되지 않았다……', 이 부분 역시 어떤 일의 성취 과정에서 일종의 '꼬임' 현상이 발생할 걸 예지해주는군요.

그래도 돼지를 죽였으니 일단 한 가지 일의 성취는 맞으나 계속 돼지가 내려왔다는 건 어떤 벅찬 일거리들이 님 앞에 계속 나타날 걸 암시하는 것 같네요. 일종의 예지몽 같군요.

계속 님이 총을 쏘았다는 건 그 일거리를 해결하기 위한 대응을 님이 계속 할 거라는 것 역시 알려주고 있습니다. 참고로 총은 심리적으로는 어떤 다른 것을 암시하기도 합니다. 하지만 이 꿈에선 예지몽으로 암시된 것 같아 그 의미에 대한 설명은 생략하기로 하죠.

mail*** : 그러게요. 돼지꿈이네요. 전 돼지꿈을 꿀 때면 항상 멧돼지가 등장하더라고요. 어떠한 한 가지 일을 성취한다는 점, 그리고 반대로 계속적인 꼬임과 대응, 앞의 그 한 가지 일을 성취하기 위해 필요한 고난(?). 좋다면 좋을 수 있고 안 좋다면 좋지 않을 수 있는, 생각하기 나름의 꿈이네요. 그래도 한 가지 무언가를 성취한다는 점이 기분이 좋아요. 어찌됐든 뭔가를 이룬다는 것이니까요!

답변 : 좋은 꿈이죠. 단지 이루기 위해서는 좀 힘든 과정이 동반된다는 걸 암시하는 거죠. 결과적으로는 좋은 꿈이죠.

PART 4

별의별
꿈 이야기

"직관은 인간 내면의

특별한 능력들 중 하나이다.

직관은 아무도

구체적으로 인지할 수 없는

어떤 느낌을 통해 작용한다.

그 느낌에 따르는 사람들조차도

그것이 무엇인지

전혀 알지 못한다."

─ 오노레 드 발자크

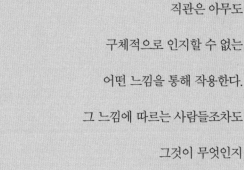

헤어진 남자친구 꿈

우리는 살아가면서 여러 이별을 한다. 남자친구와의 이별, 여자친구와의 이별, 또는 이혼, 등 살면서도 수많은 이별을 경험할 수 있다. 이별의 트라우마는 크다. 그래서 헤어진 이후 그 사람이 꿈속에 자주 등장한다. 꿈속에 자꾸 등장하는 이유는 그 심리적 상처를 치유하기 위해서이다.

그런데 자칫 헤어진 사람의 꿈을 꾸면 현실에서 만나지는 않을까 하는 착각을 하기도 한다. 꿈은 일종의 연극이다. 투시적 꿈이 아니고는 꿈속에 등장하는 인물들은 각자 맡은 '배역'일 뿐이다. 그러니 꿈속에 헤어진 사람이 등장해 어떤 말을 한다고 해도 실제로 그 사람이 그렇게 생각한다는 오류를 범하진 말길.

꿈속에 등장하는 헤어진 연인은 꿈을 꾸는 사람이 하고 싶거나 듣고 싶은 말을 해주는 연극 속 인물일 뿐이다. 자기가 연출하고 자기가 출연하는 연극 말이다. 꿈은 출연자의 얼굴을 원하는 대로 바꿀 수 있다. 하지만 그 인물이 말하고 행동하는 건 자신의 무의식이 연출하고 있다는 걸 잊지 말자.

그러나 우리는 이별하기 전에 그 이별을 미리 알려주는 예지몽을 꿀 수도 있다. 실제로 이혼을 앞둔 사람이 어떤 꿈을 꾸는지, 그리고 그 꿈의 의미는 무엇인지『꿈은 말한다』의 128쪽과 129쪽에 나오는 한 가지 사례를 살펴보자.

펠리시티는 이혼하기 몇 년 전에 길 끝에서 물이 솟는 꿈을 꾸었다. 남편 사이먼과 이별한 뒤에 펠리시티는 전에 겪지 못한 온갖 감정의 홍수에 시달렸던 만큼 시기적절한 꿈이었다. 꿈속의 물은 그 사람의 감정이나 경험을 의미한다.

물이 고여 있는지 흐르는지가 감정 상태를 보여준다. 흐르는 강물은 넘치는 감정, 댐은 평정, 바다와 웅덩이는 깊고 얕은 감정, 모든 것을 집어삼키는 파도는 격정이다. 펠리시티가 남편과 헤어지기 전까지 파도가 몰아치는 꿈을 많이 꾼 건 어쩌면 당연한 일이다.

"온가족이 차에 타고 있었는데 집채만 한 파도가 쳐서 휩쓸렸어요. 하지만 물에 빠지지 않고 빠져나왔어요."

"다른 꿈에서도 큰 파도 때문에 죽을 뻔했지만 살아 나왔어요."

둘 다 펠리시티와 가족이 견디기 힘든 감정에 사로잡히지만 극복하리라는 꿈이었다.

자, 그렇다면 이별 후에는 실제로 어떤 꿈들을 꿀 수 있을까. 다음에 나오는 꿈 이야기는 우리 이웃의 실제 사례이다. 이 꿈에서도 알 수 있듯이 이별 후에는 그 아픔을 치유하기 위해서 끊임없이 헤어진 사람이 날마다 꿈속에 등장할 수도 있다.

실제 사례 R***님의 꿈

[1] 2014. 4. 6.

안녕하세요, 제가 요즘 매일 꿈을 꿔요……. 정말이지 하루에 서너 차례 매일매일 꿈을 꾼 지 한 달 정도가 되었거든요. 제가 불교 신자인데 요새 기도를 시작해서 꾸는 꿈도 있는 것 같은데 자꾸 헤어진 남자가 나와서 못 견딜 정도에요. 좋게 나왔다, 나쁘게 나왔다 아주 난리도 아닌데 어디다 여쭤볼 데가 없어서…….

어제 새벽에 꾼 꿈이에요.

제가 침대에서 자고 있는데 현관문 비밀번호 누르는 소리가 나더니 이불속으로 뒤에서 절 안으면서 들어왔어요. 꿈인지 생시인지 정말 행복해서 미소를 지으면서 끌어안았어요. 얼굴은 그 사람이 아니었지만 손길이나 살 냄새나 숨소리마저 그 사람이었어요. 그 손길 하나하나가 진짜 생생했어요. 관계를 갖기 전에 막 깼어요. 눈을 뜨고 나서야 꿈인지 알 정도로 정말 생생하게 꿨어요.

안녕하세요, R***님.

이제 요청하신 꿈 분석을 해보겠습니다. 제가 해답은 아니지만 알고 있는 데까지 한번 해석을 해보겠습니다. 일단 먼저 이야기해주신 어제 새벽에 꾼 꿈부터 살펴보겠습니다.

> 제가 침대에서 자고 있는데 현관문 비밀번호 누르는 소리가 나더니 이불속으로 뒤에서 절 안으면서 들어왔어요. 꿈인지 생시인지 정말 행복해서 미소를 지으면서 끌어안았어요. 얼굴은 그 사람이 아니었지만 손길이나 살 냄새나 숨소리마저 그 사람이었어요. 그 손길 하나하나가 진짜 생생했어요. 관계를 갖기 전에 막 깼어요. 눈을 뜨고 나서야 꿈인지 알 정도로 정말 생생하게 꿨어요.

님이 특히 헤어진 남자친구에 대해 마음의 큰 상처가 남아 요즘 매일 남자친구 꿈을 꾸는 겁니다. 특별한 이유는 바로 그것이죠. 『꿈은 말한다』에는 그 이유가 아주 상세하게 나옵니다. 특히 님처럼 '사랑하는 사람과 헤어진 후 아직도 마음의 상처가 남은 사람'에겐 더욱 그렇죠.

이 꿈은 님의 무의식 속의 이별에 대한 슬픔을 위로하는 꿈의 표현입니다. 이 꿈은 예지몽은 아닌 것 같습니다. 다시 한 번 님의 꿈을 적어 보죠.

제가 침대에서 자고 있는데 현관문 비밀번호 누르는 소리가 나더니 이불속으로 뒤에서 절 안으면서 들어왔어요.

: 이건 님이 너무나 간절히 바라는 일이기 때문에 꿈속에서 소원 충족으로 님의 마음을 위로하기 위해 꿈이 연출하는 것입니다. 님은 의식 속에서, 현실 속에서 남자친구와 헤어진 것을 정말 견디기 힘들어하는군요. 그래서 꿈속에서 생생하게 님이 간절히 소망하는 일, 남자친구가 다시 찾아와 행복한 시간을 나누는 일을 이뤄나가는 겁니다. 님이 너무 간절하니까 꿈속에서 생생하게 나오는 거예요. 그래야 님의 영혼이 치유될 수 있기 때문이죠.

꿈인지 생시인지 정말 행복해서 미소를 지으면서 끌어안았어요. 얼굴은 그 사람이 아니었지만 손길이나 살 냄새나 숨소리마저 그 사람이었어요. 그 손길 하나하나가 진짜 생생했어요. 관계를 갖기 전에 막 깼어요. 눈을 뜨고 나서야 꿈인지 알 정도로 정말 생생하게 꿨어요.

: 님은 너무 간절하게 원하기 때문에 님의 꿈이 현실과 마찬가지로 생생하게 느껴지는 거죠. 이 꿈에선 현실 속의 님이 견딜 수 없을 만큼 힘들기 때문에 님을 버티게 하기 위해서 무의식이 현실 속에서 이루지 못한 일을 해내는 겁니다. 꿈속에서라도 이렇게 하지 않으면, 남자친구와 행복한 시간을 보내지 않으면 현

실 속에서 버텨나갈 수 없을 만큼, 님이 지금 심리적으로 나약해져 있다는 반증이죠.

꿈은 현실 속 트라우마나 갈등, 해결하지 못한 문제를 반복적으로 다양한 표현으로 나타냄으로 해서 그 트라우마를 조금씩 치유해가기 시작하는 겁니다. 무의식 속에서 "이젠 됐어, 나는 치유가 다 됐어……"라는 커뮤니케이션이 마쳐진 다음에는 남자친구 꿈을 자주 꾸지 않을 겁니다. 그러나 님이 의식 속에서 남자친구를 지우더라도, 혹은 헤어진 상처가 훨씬 나아졌다고 해도, 무의식 속에서 완전히 치유가 되지 않는 한은 계속 남자친구 꿈을 꿀 것입니다.

지금 이토록 매일, 그것도 생생하게 꿈을 꾼다는 건 님이 아직도 견딜 수 없을 정도로 헤어진 남자친구와의 문제에 매몰되어 있다는 것이죠. 아직은 님이 헤어진 그 자체조차 받아들일 수 없을 만큼 힘들다는 것이죠. 이 꿈은 님이 헤어진 사실조차 인정하고 싶지 않다는 걸 나타내는 것 같네요.

[2] 또 다른 꿈 : 2014. 4. 6.

오늘 새벽에 꾼 꿈이에요. 학교인지 어딘지 모르는 데에서 전 애인이 저에게 책을 한 권 주더군요. 그런데 그게 그냥 책이 아니라 책 안에 색이 다른 글자들을 쭉 연결하면 편지인 그런 책이었어요. 자기 마음을 이렇게 표현했다고…… 웃으면서 저에게 "내가 용서해줄게. 다시 시작하자." 그랬어요. 저는 아니 어떻게 이런 걸 할 생각을 했냐며 그 책을 펼쳤어요.

그때 그 건물에서 불이 났고 그 사람과 떨어지게 되었어요. 저는 한참동안 그 사람을 찾다가 계단을 내려가며 전화를 걸려고 했어요. 그런데 넘어질까 봐 '1층에 가서 전화해야지' 하고 그냥 내려갔어요. 그리고 1층에 도착해서 전화를 하려다가 꿈을 깼어요.

답변 2

자, 오늘 새벽에 꾼 꿈의 해석을 시작해보겠습니다.

이 꿈은 앞의 꿈보다 좀 더 상징화되어 있네요. 질문을 하나 해볼게요. 그럼 남자친구와 헤어진 지 한 달 좀 넘은 건가요?

님의 이 꿈은 어제 꾼 꿈보다 더 상징이 많습니다. 꿈속에서 보다 상징이 많고 왜곡이 많이 되어 있는 꿈은 마음이 더 복잡하고 힘들다는 걸 나타내죠.

상징과 왜곡이 많이 됐다는 건 뭘 의미하냐 하면, 좀 더 쉽게 말해 볼게요. 어제 꾼 꿈은 실제 생활에서도 일어날 수 있는 일이잖아요. 남자친구가 집 비밀번호를 누르고 들어와 뒤에서 안아주었다…… 이건 현실 속에서도 흔히 일어날 수 있는 논리적 개연성이 있는 행동이죠. 이런 꿈은 상징과 왜곡이 덜 되어 있는 꿈이죠.

그런데 오늘 새벽에 꾼 이 꿈은 뭐랄까……. 책을 줬는데, 색깔이…… 이건 마치 『이상한 나라의 앨리스』처럼 실제에서 일어날 수 없는 일이죠. 동화 속에서나 일어날 수 있고, 좀 튀는, 논리의 비약이 있는 그런 꿈의 한 종류죠.

책 안에 색이 다른 글자들을 죽 연결하면 편지인 그런 책이었
어요.

이건 뭐 마치 퍼즐 같은 그런 이야기잖아요. 현실 속에서 흔
하게 이런 책을 만날 수도 없고 받지도 않죠. 이런 내용들이 있
는 꿈은 상징이 더 많고 왜곡되어 있다는 거죠. 그러다가 갑자기
불이 나고…… 논리적으로 비약이 심하죠? 이런 꿈 내용이 바로
왜곡이 많이 되어 있다고 표현을 하거든요.

이렇게 꿈이 상징이 많고 왜곡이 많이 되어 있을수록, 무의식
속 님의 심리를 들키기 싫다는 걸 표현해주는 겁니다. 어제 꿈은
현실 속에서 일어날 법도 한 일이고, 쉽게 이해되는 꿈이죠. 그
런 꿈은 들키기 싫은 감정보다는 그냥 있는 그대로 나타내는 겁
니다.

님은 남자친구가 꿈속에서 했던 것처럼 그렇게 찾아와서 안아
주기를 바라는 것이죠. 그 마음은 님이 들키기 싫은 그런 감정은
아니죠. 그러니 그대로 왜곡 없이 꿈속에서 나온 거예요. 이상한
퍼즐의 조각처럼 상징이 많이 들어가 있지도 않았죠.

그러나 이 꿈은 상징과 왜곡이 좀 섞여 있어요. 좀 더 자세히
살펴보도록 하죠.

학교인지 어딘지 모르는 데에서 전 애인이 저에게 책을 한 권

주더군요. 그런데 그게 그냥 책이 아니라 책 안에 색이 다른 글자들을 쭉 연결하면 편지인 그런 책이었어요. 자기 마음을 이렇게 표현했다고…… 웃으면서 저에게 "내가 용서해 줄게. 다시 시작하자." 그랬어요.

'그냥 책이 아니라 책 안에 색이 다른 글자들을 쭉 연결하면 편지인 그런 책……' 이 부분이 상징적인 건데 결국 이게 '편지'였다는 거죠. 그냥 편지를 주는 게 아니라, 왜 퍼즐 같은 책 같은 형태의 편지를 주었던 걸까요? 이때 꿈속 남자친구는 진짜 남자친구가 아니라 님의 또 다른 자아입니다.

님의 또 다른 자아는 왜 그냥 편지를 님에게 안 줬을까요? "내가 용서해 줄게. 다시 시작하자." 이 부분도 남자친구가 한 말이 아니라, 님의 또 다른 자아가 님에게 하는 말입니다. 이런 말을 해주길 님의 무의식은 바라고 있는 겁니다. 그런데 그게 현실적으로는 힘들다는 걸 아니까 이렇게 비비 꼬고 있는 거죠.

편지도 그냥 주는 게 아니고, 퍼즐 같은 책으로 주고……. 님이 그 편지 내용을 스스로 알아차려야 될 만큼 암호 해독 수준으로 주고 말이죠. 님도 그냥 말하기는 무의식에서조차 힘들었나 봐요. 남자친구가 그런 말을 안 해줄 걸 알고 있었던 거죠. 그래서 왜곡시켜 표현하는 것 같아요.

저는 아니 어떻게 이런 걸 할 생각을 했냐며 그 책을 펼쳤어요. 그때 그 건물에서 불이 났고 그 사람과 떨어지게 되었어요.

지는 한참동안 그 사람을 찾다가 계단을 내려가며 전화를 걸려
고 했어요. 그런데 넘어질까 봐 '1층에 가서 전화해야지' 하고
그냥 내려갔어요. 그리고 1층에 도착해서 전화를 하려다가 꿈을
깼어요.

자, 여기서 더 님의 무의식의 진짜 마음이 이어지는군요. '아니
어떻게 이런 걸 할 생각을 했냐며……' 이 부분은 본인 스스로가
감탄하는 거죠. 그때 불이 나서 그 사람과 떨어지게 되었다……,
여기서 바로 현실을 인정하는 겁니다. 깨닫게 되는 거죠. 무의식
속 님의 또 다른 자아도 님과 남자친구가 헤어져 있다는 사실을
할 수 없이 인정하고 불이 나서 떨어지게 하는 거죠.

저는 한참동안 그 사람을 찾다가 계단을 내려가며 전화를 걸려
고 했어요.

님의 무의식 속 자아는 결국 남자친구를 찾고 있군요. 헤어진
사실을 인정하면서 치유해가는 과정입니다. 전화를 하려고 하는
데 '넘어질까 봐!'…… 이 부분이 아주 중요한 열쇠입니다. 님의
무의식은 남자친구와 다시 만나려고 하는 그 과정에 스스로 마
음을 다칠까봐, 혹은 상처 입을까봐 두려워하는 겁니다. 그걸 나
타내는 무의식의 표현입니다.
'1층에 가서 전화해야지'……, 이 부분은 안전한 장소에 가
서 해야지…… 로 해석할 수 있어요. 님이 '상처를 덜 받을 때

해야지', 님이 마음을 좀 추스를 때, 화해의 분위기가 조성됐을 때…… 뭐 등등 그런 맥락으로 봐야겠죠.

그리고 1층에 도착해서 전화를 하려다가 꿈을 깼어요.

그런데 1층에 도착했는데 잠이 깼다……. 결국 전화를 못했군요. 그건 무의식이 두려워하고 있는 겁니다. 헤어진 자체를 깨닫기 싫어서, 전화를 한다는 건 자기 마음을 들키는 거죠. 무의식속에서 들키기 싫은 겁니다. 헤어진 자체를 인정하기 싫은 거죠. 현실은 헤어진 거잖아요. 그러니 전화하는 것은 현실이 아닌 거죠. 논리적으로 일어나지 않는 거죠. 그런데 꿈속에서 전화를 해서 남자친구와 연결되는 건 그걸 깨뜨리는 거죠. 꿈속에서조차 그게 가짜라는 걸 알기 때문에 거기까지는 꿈속마저도 진도가 안 나가는 겁니다.

이 꿈들을 볼 때 님은 앞으로 더 많이, 더 자주 남자친구 꿈을 꿀 것 같습니다. 님의 마음속 상처가 힐링 될 때까지……, 마음의 트라우마가 치유될 때까지……. 그런데 그 꿈들 중에는 물론 예지몽도 있을 수 있겠죠. 그러나 이 두 꿈은 심리의 반영입니다. 그리고 무의식이 치유되는 과정입니다. 앞으로 꿈을 통해 님은 치유되어 갈 것입니다. 꿈의 목소리에 귀를 기울이세요. 그래야 그 슬픔에서 헤어 나올 수 있습니다.

R*** : 감사드려요. 헤어진지는 몇 달 됐어요. 꿈을 꾸기 시작한 게 한 달 반 전부터였어요. 그러다 기도를 시작하고 나서 한동안 안 꾸더니 한 날 전부터는 미친 듯이 나오더군요. 하아…… 정말 감사드려요.

답변 : 기도를 시작하고는 한동안 안 꾸었다는 건 무의식 속에서조차 억누르고 있다는 거죠. 치유되었다고 스스로 착각한 건데, 요즘 마음이 흔들렸나 보네요. 그래서 무의식이 님을 치유하고 있는 것입니다. 그냥 꿈을 꾸면 꾸는 그대로 받아들이세요. 그래야 꿈이 계속 치유해나갈 수 있습니다.

2

청소하는 꿈

우리가 자주 꾸는 꿈 중에는 청소와 관련된 꿈들이 많다. 자기 집을 청소한다거나 방을 청소한다거나 알 수 없는 곳을 청소하는 것 등이다. 꿈속에서 청소하는 장소는 여러 가지로 달라질 수 있지만 '청소'라는 상징이 의미하는 것은 무엇일까.

꿈을 꾸는 것이 낮 동안 우리가 알게 모르게 받았던 기억과 상처들을 정리하는 과정이듯이 '청소'가 의미하는 것은 '정리'를 상징한다. 뭔가 흐트러진 상태를 정리해가는 것이다. 꿈속에서 청소를 한다고 실제로 청소할 일이 생기는 경우는 극히 드물다. 투시적인 꿈이지 않은 이상 꿈속에서 청소하는 것은 심리적 상태를 표현하는 경우가 많다. 이와 관련해 『꿈은 말한다』의 189쪽과 190쪽에 나오는 청소하는 꿈의 예와 그 설명을 한번 들어 보자.

"어떤 사람이랑 같이 길을 가고 있었는데 그 사람이 말했어요. '저 분이 어머니 아니세요? 많이 닮았네요. 나이가 들면 어머니처럼 되실 것 같아요.' 보니까 어머니였어요. 저희 집으로 오시는 거예요. 그래서 청소를 했어요. 화장실에는 스테이크 조각이 있고 그 바닥에는 오줌이 고여 있었어요. 부랴부랴 씻어내는데 어머니가 (화장실로) 들어오시지 뭐예요. 어쩔 줄을 몰랐어요. 거실 탁자에는 또 빈 병이 수두룩했어요. 머리가 어지러웠어요. 그 사람들이 우리 집을 난장판으로 만들어서 치우는 게 보통 일이 아니었어요. 우리 집을 아주 무시하는 사람들이었어요."

펠리시티는 위의 꿈을 통해서 자신의 일뿐만 아니라 물려받은 일도 마저 정리해야 한다는 걸 알았다. 결국 두 가지를 구별할 수 있게 되었다. 위의 꿈을 보면 펠리시티가 무력감과 절망에 사로잡히는 듯하지만 몇 달 뒤에 꾼 다음의 꿈에서는 이 힘든 과제를 상당히 많이 해결한 듯 보인다.

"아주 오래되고 큰 오픈하우스에 있었어요. 지저분했어요. 모르는 사람들이 들어와서 자기 집인 양 행세했어요. 샌드위치를 만들었는데 어떤 아줌마가 와서 자기 거라면서 먹는 거예요. 다른 사람들은 무얼 하든 내버려두고 저는 깨끗이 치우고 정리하기나 해야 할 것 같았어요. 싹 청소하고 나니까 기분이 한결 나아졌어요. 부엌을 보니까 아까 그 아줌마가 빵 두 개를 남기고 갔더군요."

몇 년 동안 꿈 일기를 꾸준히 쓴 펠리시티는 화장실을 씻어내는 것처럼 집을 청소하는 꿈에서 중요한 상징이 있다는 걸 알았다. 마지막 꿈에서는 피해 의식을 던져 버리고 자신의 것을 되찾았다. 적극적으로 행동하고 노력한 덕에 빵 두 개라는 보상까지 받지 않았던가.

꿈속에서 일어나는 일들은 자신이 연출이고 주인공인 일종의 모노드라마라고 봐도 된다. 자기가 무의식 속에서 연출하는 심리극일 수 있다는 것이다. 연극의 주제가 무엇인지 관망하는 마음의 자세로 자신의 꿈을 바라본다면 우리가 지금 하고 있는 꿈해몽 방식은 좀 더 쉽게 다가올 수 있다. 자, 그렇다면 우리 주변의 실제 사례를 또 한번 살펴보면서 청소하는 꿈이 다른 식으로는 어떻게 표현될 수 있는지 알아보자.

실제 사례 *fj****님의 꿈 (2014. 3. 29.)

안녕하세요, 어제는 청소하는 꿈을 꾸었네요. 변기가 있던 것만 기억나는데 안에 막 토한 것 같은 내용물 쓰레기들이 있었어요. 제가 치우려고 보니 막 변기에서 똥물 같은 것도 뿜어 나와서 제 옷에 묻고…… 그래도 제가 손으로 다 치워서 막힌 변기도 뚫고 제가 "아, 뚫렸다……!" 이러고 주변 정리를 하는데 어떤 남자가 왔어요. 느낌상 제 남동생이었습니다. 제가 다 정리하니까 오냐고 웃으면서 말하고 꿈에서 깼습니다.

이 꿈은 뭘 의미하는 걸까요?

네, 변기를 청소하는 꿈을 한번 분석해보겠습니다. 그런데 저는 피곤할 때에는 남의 꿈은 잘 해석하지 않죠. 왜냐하면 몸에 에너지가 떨어졌을 때에는 금방 꿈에 대한 윤곽이 안 떠오르기 때문이죠. 정신적 노동을 할 때에는 에너지가 충만할 때 하는 게 효과가 좋습니다. 어느 정도 몸에 에너지가 절반 이상 차 있을 때 해야 한번에 판단할 수 있는 직관력이 잘 발휘됩니다. 전 원고를 볼 때에도 이 직관력을 사용해 일을 하기 때문에 즉각적으로 또 빨리 판단해 일을 신속하게 처리하곤 하죠.

어떤 원고라도 처음 볼 때 그 느낌을 한번에 받아서 머릿속에 정리를 해야 하거든요. 그 다음 원고를 정리하고 윤문을 하는 일은 기술적인 일이죠. 그런데 어떤 원고를 처음 딱 대할 때 그 원고의 특성이나 어떤 성격으로 편집을 해야겠다, 또는 전체 원고의 방향을 잡아야겠다, 그 원고의 어떤 부분을 강조해야겠다……, 이렇게 판단하는 건 직관적으로 한 방에 파악해야 일이 길게 안 갈 수 있습니다. 전 직관력을 발휘해 일을 빨리 해치우곤 합니다.

꿈의 해석도 마찬가지죠. 정신적 에너지가 들어가는 일은 항상 직관력이 필요합니다. 아니면 연구를 해서, 고민을 해서, 생각을 해서 하는 건 에너지가 많이 들어갈 뿐이죠. 그뿐만 아니라, 긴 노력과 시간을 들여서 한다고 하더라도 그 결과가 더 좋을 거라는 보장도 없어요. 직관력으로 한 방에 '빵-!' 하고 파악해야 더 정확하고 빠른 이해를 할 수 있죠.

꿈도 사실 많은 상징을 품고 있기 때문에 그걸 머리를 굴려 연구를 하거나 하면 꿈의 해석이 정말 어려운 일이죠. 잘 맞지도 않고요. 노력과 시간의 투자 대비 결과가 꼭 좋을 거란 건 전 믿지 않거든요. 한번에 포인트를 잡아내는 게 결국 모든 승패를 좌우하죠. 그래서 전 에너지가 충만할 때, 혹은 에너지가 바닥을 치고 있지 않을 때에만 '꿈의 퍼즐'을 마주하죠. 하여튼 말이 길어졌는데, 직관력은 인간에게 정말 중요한 것이라는 걸 이 기회에 다시 한번 강조하고 싶군요.

어쨌든 다시 꿈으로 돌아가서 화장실 꿈은 우리가 일상에서 자주 접하는 소재로 꿈속에도 단골로 등장하곤 합니다. '변기를 청소한다……, 그런데 뚫렸다!' 이건 그냥 봐도 좋은 꿈이죠. 뭔가 소원 성취를 나타내는 꿈이죠.

그런데 화장실 꿈을 해석할 때 유의할 점은 오물이 어떻게 느껴졌냐는 겁니다. 그리고 그 오물이 옷에 묻고 그랬냐는 거죠. 화장실 꿈을 꾸었을 때 배설물들이 한가득 쌓여 있을수록 좋은 꿈이라고 볼 수 있죠. 하지만 그리 많은 양이 아니면서 자기 옷에 묻고 하는 꿈은 좀 안 좋을 수도 있어요. 특히 그때 꿈속에서 불쾌한 느낌이 들었다면 뭔가 창피를 당하거나 굴욕적인 일을 당할 걸 암시하기도 하죠.

하지만 꿈속에서 그걸 그리 더럽게 안 느끼고 적극적으로 치웠다면 해석은 달라지죠. 그리고 꿈속 느낌이 불쾌하고 뭔가 어둡고, 찝찝한 느낌이 아니라 좋은 느낌이었다면 그 꿈은 좋은 거죠. 꿈속에서 느낌은 무엇보다 중요합니다.

변기를 뚫고 또 기분 좋게 남동생 같은 사람을 웃으며 맞이했다는 건 꿈속에서 불쾌한 느낌이 안 들었다는 것이므로 좋은 꿈 같네요. 남동생은 꿈속에서 진짜 남동생이라기보다……, 뭔가 자신의 문제(막힌 변기가 현실 속의 어떤 문제를 상징)를 극복해냈다는 걸 자랑하는, 혹은 보여주고픈 자기 자신의 자아일 수도 있습니다.

꿈을 해석할 때 키포인트 : 공포를 느끼는 꿈의 두 가지 해석 방향

꿈속 느낌에 대해 말해두고 싶은 게 있는데 아주 중요한 포인트입니다. 이 꿈과는 큰 상관은 없지만 꿈속 느낌이 나왔으니 꿈을 해석할 때 유의사항입니다. 꿈속 느낌이 대충은 꿈의 해석과 긍정적·부정적 방향과 대략적으로 일치하는 편이지만, 반대의 경우도 있습니다.

꿈속에서 깜짝 놀란다거나 공포에 휩싸인다거나 하는 것입니다. 이런 경우만 제외하곤 꿈속 느낌이 해석에 대체적으로 그대로 적용됩니다. 이 예외적인 경우에는 두 가지가 있습니다. 꿈속에서 정말 굉장히 공포를 느끼는 상황에서 화들짝 놀라거나 하는 꿈은 꿈속 느낌과 달리 좋은 꿈일 수 있습니다. 이때 주의해야 할 점은, 그 느낌이 정말 좋은 꿈을 상징할 때에는 꿈속 공포가 '찰나적'으로 습격하는 것이며 그 순간 깨어나야 한다는 겁니다. 아주 큰 공포가 일시적으로 확 덮치는 꿈이 좋은 꿈으로 해석 가능성이 높죠.

반대로 공포를 느끼는 꿈도 꿈속 내내, 길게 무서운 느낌을 받았다면 이건 꼭 좋은 꿈이라고 할 수 없습니다. 예를 들어 꿈속에서 어떤 사람을 봤는데, 그 얼굴이 너무 흉측해서 갑자기 너무 공포가 엄습해왔다, 그 순간 그 사람이 덤벼들려고 해서 놀라서 후다닥 깨었다……, 이 꿈은 좋은 꿈입니다.

그런데 그 괴물 같은 사람이 꿈속 내내 자기를 쫓아와 무서움 속에서 떨었다……이건 안 좋은 꿈입니다. 병에 걸릴 수도 있는 걸 암시하는 꿈입니다.

그러니 꿈속 느낌이 대체로 꿈의 해석을 할 때 그대로 적용되는 편인데, 위의 경우처럼 예외조항은 있다는 걸 알아두세요. 또 예를 들어 꿈속에서 자기가 어디 잡혀 갔는데 갑자기 죽이려고 다들 덤벼들었다……, 그 순간 너무나 큰 공포가, 정말 죽을 것 같은 공포가 엄습해와 후다닥 깨어났다……, 이런 경우가 좋다는 겁니다. 이럴 때 꿈속 공포심은 실제로 공포를 느끼는 일이 일어나는 걸 암시하는 것이 아니라, 실제로 아주 좋은 일이 느닷없이 일어나는, 좋은 소식이 '갑자기' 오는 걸 암시하는 꿈일 가능성이 아주 높습니다.

다시 이 청소하는 꿈으로 돌아가서, 이 꿈을 전체적으로 볼 때 꿈속에서 나온 오물 때문에 불쾌하거나 찝찝한 느낌이 없이 단지 변기를 뚫어서 즐거웠다면 좋은 꿈입니다. 뭔가 막히고 문제 있는 일이 해결되는, 스스로의 의지로 해결되는 걸 암시하는 꿈입니다. 그런데 꿈속에서 좀 찝찝하고 그런 느낌이 처음 오물을 보면서 느꼈다면, 더럽다거나…… 그랬다면 좀 불쾌한 경우를 당하면서 문제를 해결하게 되는 걸 암시합니다.

그래도 어쨌든 변기를 뚫었으니 결과적으로는 모두 좋은 꿈입니다. 만일 꿈속에서 변기가 안 뚫리고, 아무리 노력해도 안 뚫린다면, 계속 꿈속 내내 끙끙대고 변기를 뚫고 있었다면 안 좋은 꿈이겠죠. 현실에서도 일이 계속 안 풀리고 고생하는 걸 암시합니다. 하지만 이 꿈에선 해결되는 걸로 끝나고 그걸 또 확인사살해줄 남동생이 등장하는 걸로 봐서 깔끔한 마무리가 되었네요.

꿈의 해석에선 '사건'보다 '느낌'에 무게중심을 둬라

변기를 뚫는 이 꿈은 예지몽입니다. 막힌 일들이 해결되겠네요. 본인의 의지로 말입니다! 그걸 이 꿈은 보여주고 있습니다. 저절로 뚫린 건 아니니까요. 꿈은 이렇듯 디테일한 것까지 모두 알려줍니다. 우리가 지도를 들여다보듯이 꿈속을 찬찬히 들여다보면 말이죠. 꿈의 지도도, 우리 무의식의 지도도 하나하나 모두 놓치지 않고 상세히 들여다보는 게 필요하죠.

『꿈은 말한다』에서 나오는 해석 사례들도 그 꿈의 줄거리를 놓치지 않고 스토리대로 살펴보는 걸 알려줍니다. 꿈속 소재는 뭐든지 어떤 의미를 지니고 있죠. 심리를 알려주든, 뭐든 자기 역할을 합니다. 그리고 어떤 꿈이든 의미 없는 꿈은 없습니다. 언뜻 보면 아무것도 아닌 꿈처럼 보일지라도 찬찬히 살펴보면 결국 아주 많은 상징을 품고 있죠.

또한 꿈은 사실 깨어나면 잘 잊어버립니다. 하지만 잊어버린 꿈이라도 하나씩 하나씩 소재를 끄집어내면 실타래처럼 술술 풀려나옵니다. 예전에 제가 중·고등학교 다닐 때 친구들 꿈을 해석해줄 때에도 처음에는 잘 기억이 안 난다는 꿈들도 하나씩 물어나가 보면 점점 많은 기억들이 나오곤 했죠. 꿈속 아주 작은 조각 하나만 기억하고 있어도 대화를 하면서 계속 피드백을 하다보면 그 꿈 전체가 빙산처럼 드러나곤 하죠.

빙산의 일각처럼 보이던 아주 사소한 꿈도 결국은 그 거대한 몸체를 다 드러내곤 하는 걸 경험으로 많이 봤어요. 이 꿈도 어찌 보면 사소한 것 같지만 결국 많은 걸 상징하고 있죠. 실제로 만나 대화를 통해 어떤 사람의 꿈을 들어보면 훨씬 많은 것들을 떠올려 주곤 하더군요. 꿈의 조각 하나로부터 질문을 하고 답을 하면서 많은 꿈의 내용을 들을 수 있죠.

하여튼 이 변기를 청소하는 꿈은 뭔가 해결되지 않는 상태를 완전히 해결하는 좋은 꿈입니다. 단, 오물을 봤을 때, 또 옷에 묻었을 때, 손에 묻었을 때 그 느낌들을 떠올려보세요. 꿈속에서 어떤 느낌이 들었는지…… 조금이라도 더럽다거나 찝찝한 느낌이 들었다면 좀 망신을 당하면서 일이 해결되는 겁니다.

특히 더럽다는 느낌 뒤에 오는 불쾌한, 찝찝한 느낌이 포인트입니다. '찝찝하다……' 이 느낌이 꿈속에선 제일 안 좋은 겁니다. 단지 더럽다는 느낌보다 '불쾌한 느낌'이 안 좋은 거예요. 이런 걸 종합적으로 고려해서 이 꿈을 해석해 보시면 좋을 것 같습니다.

fj*** : 해석 감사드립니다. 꿈에서 더럽다거나 찝찝하다는 느낌보다는 여러 오물들이 있어도 막 옷에 묻거나 해도 치워야겠다는 생각밖에 없었어요. 좋은 꿈이라니 좋네요!

답변 : 네, 그런 불쾌하거나 찝찝한 느낌이 없다면 좋은 꿈입니다. 특히 변기가 뚫렸을 때 좋은 기분의 강도가 높으면 높을수록 좋은 꿈이죠.

3

아이가 나오는 꿈과 때리는 꿈

꿈속에서 자주 나오는 소재 중의 하나가 어린아이다. 어린아이가 나오는 꿈은 근심과 걱정을 상징한다. 어린아이는 '미완성'의 존재이기 때문에 아마도 꿈속에서는 이루어지지 않은 상황에 대한 걱정을 상징하는 것 같다.

가능하면 어린아이에 대한 꿈은 꾸지 않는 게 좋다. 살아오면서 내 꿈이든, 남의 꿈이든 이제까지 들었던 꿈 중에 거의 한 가지 방향성을 가지는 상징이 바로 이 '어린아이'가 아닌가 싶다. 어린아이가 나오는 꿈은 그 어떤 경우에도 좋은 꿈이 거의 없었다. 이 '거의'라는 말은 단지 의미 없는 수식어로 사용했다. 항상 예외는 존재하기 때문에 다른 가능성을 조금 열어둘 뿐 거의 백 퍼센트라고 봐도 무방할 정도이다.

이때 어린아이는 아주 갓난아이부터 서너 살 아이까지이다. 대여섯 살까지도 그리 좋지 않은 상징이다. 중학생 정도쯤 되면 어린아이의 상징에서 피해갈 수 있다. 그러므로 어린아이가 나오는 꿈을 꾸면, 스스로 어떤 근심으로 스트레스를 받고 있구나, 하고 생각하면 된다.

또는 꿈을 꾼 당일이나 며칠은 좀 조심하는 것이 좋다. 어린아이 꿈이 예지몽으로 나타난다면 분명 뭔가 창피를 당할 일이 있거나 모욕을 당할 일이 생긴다. 그러니 어린아이 꿈을 꾼 날은 함부로 행동하거나 말하지 않는 것이 좋다. 의외의 역습을 당하거나 구설수에 오르기 쉽기 때문이다.

그런데 갓난아이가 꿈속에 등장할 경우에는 임신이나 출산하는 꿈이 함께 온다. 갓난아이를 낳는 꿈이거나 임신을 해있는 꿈을 꿀 수도 있다. 자, 그렇다면 다음의 실제 사례를 통해 갓난아이가 꿈속에 어떤 식으로 등장하는지 살펴보도록 하자.

그리고 그 다음 사례는 누군가를 때리는 꿈이다. 그 상대가 어떤 연령대인지에 따라 꿈의 해석이 달라질 수도 있다. 우리는 싸우는 꿈을 꾸거나 일방적으로 때리는 꿈을 꿀 때가 자주 있다. 때리는 꿈은 일종의 싸우는 꿈이다. 신나게 싸우는 꿈은 그동안 쌓인 스트레스가 많다는 반증이다. 꿈속에서 억눌린 감정을 해소시키는 과정이다.

그런데 꿈속에서 자기가 많이 때려야지, 맞기만 한다면 좋지 않은 꿈이다. 꿈 해석의 방향은 '의지'와 같은 방향성을 가진다고 했다. 자기 의지대로 실컷 상대방을 때리는 꿈을 꾸었다면 뭔가 막혔던 일이 해결되거나 하는 좋은 일이 생긴다. 그렇지만 상대방에게 제압당해 더 맞는 꿈을 꾸었다면 현실 속에서도 그와 비슷한 구조의 상황이 발생할 수 있다. 물론 꿈속에서처럼 실제로 싸우진 않을 것이다. 꿈은 상징적으로 현실 속 상황을 보여줄 뿐이기 때문이다. 생생한 다음 사례들을 통해 이와 관련된 꿈의 흐름과 구조를 살펴보자.

실제 사례 xx***님의 꿈(2014. 5. 6.)

[1] 아이가 나오는 꿈

그저께 꾼 꿈입니다. 전 결혼을 안 한 처녀인데 꿈에서 출산하는 꿈을 꿨습니다. 꿈에서 제가 만삭이었는데 갑자기 밑에서 뭐가 나오는 것 같았어요. 마치 양수가 터진 것같이 느껴지더니 아무 고통 없이 어떤 아이가 제 옆에 있는 겁니다. 그런데 전 별로 신경을 안 쓴 것 같아요(정확하진 않지만 제가 아기를 보고 못생겼다거나 싫다는 느낌을 받은 것 같기도 합니다).

친척들과 친구들이 그 아기를 보러 왔습니다. 아기가 제 옆에 있는데(이번엔 예뻤던 것 같기도 해요), 수유를 해주려고 준비하는데 잠에서 깼습니다. 꿈을 꾸고 나서는 멍해진 것 같습니다. 처녀가 출산하는 꿈을 꿨으니까요.

답변 1

안녕하세요, 꿈을 한번 볼게요. 출산 꿈과 때리는 꿈이네요. 그런데 그 두 가지 꿈 모두 공통적인 건 아이가 나온다는 것이네요. 아이가 나오는 꿈은 어린아이일수록 꿈속에선 별로 좋지 않은데요. 어린아이가 꿈에 나오면 근심, 걱정을 나타내는 상징물일 수 있어요. 자, 그럼 출산 꿈을 먼저 자세히 볼까요.

처녀가 출산하는 꿈을 꾸는 건 전혀 이상하지 않습니다. 꿈의 언어는 상징적인 게 많거든요. 출산 역시 진짜 출산을 의미하는 게 아니라 뭔가를 상징으로 나타내주는 거죠. 님의 이 꿈에서 출산은 님의 무의식을 보여주는 것 같네요. 만삭이라면 일의 완성을 뜻해서 어떤 결과물을 낳는다고 볼 수도 있어요. 최근에 뭐 준비하시거나 하는 일은 없나요. 그 일의 결과물을 보는 것을 뜻하는데, 아이가 못생겼다고 느끼는 건 그 결과에 님이 만족하지 않는다는 걸 뜻합니다. 뭔가 결과물을 앞으로 얻는 데 님이 그 결과물에 대해 느끼는 감정이 아기를 보고 느끼는 감정이 될 것입니다. 나중에 아기가 또 예쁘게도 보였다는 건 그 결과물에 대해 시간의 경과에 따라 님의 마음이 달라진다는 걸 알려주죠.

그러니 처녀가 출산 꿈을 꾸었다고 해서 멍해 할 필요는 전혀 없어요. 진짜 출산과는 아무런 연관이 없습니다. 그냥 꿈은 무의식을 꿈의 언어로 말해주는 것뿐입니다. 우리가 꿈의 언어를 알게 되면 자신의 숨겨진 무의식을 잘 알 수 있고, 또 예지몽을 꿀 경우 미래에 대비할 수 있다는 겁니다. 꿈은 우리 인간이 어떤 의미에서 감춰진 능력을 발휘할 수 있는 영역이죠. 인간의 의식은 미래를 예지할 수 있는 단계가 아니죠. 하지만 인간의 무의식은 미래를 미리 내다볼 수 있는 능력을 갖고 있는 겁니다. 쉽게 말하면 초능력이라고 해도 되겠죠.

그런데 사실 모든 인간은 다 꿈을 꾸기 때문에 초능력이라기보다 모두가 갖고 있는 능력이죠. 하지만 어떤 이는 꿈에 관심을 갖고 그 꿈의 언어를 이해하려고 노력해서 그 능력을 잘 발휘해 사는 것이고, 또 어떤 이는 꿈은 다 개꿈이고 아무 의미가 없다고 꿈의 가치를 폄하해서 무의식의 능력을 전혀 발휘하지 못하고 사는 것이라고 할 수 있죠.

어쨌든 님도 꿈의 언어를 이제라도 조금 이해하셨다면 출산 꿈에 대해 당황하지 마세요. 그저 님의 무의식이 알려주는 언어의 방식일 뿐입니다.

[2] 때리는 꿈

이건 어제 꾼 꿈입니다. 꿈에서 제가 어떤 여자아이의 얼굴을 손으로 미친 듯이 때리는 꿈을 꿨습니다. 왜 때렸는지는 잘 기억이 나질 않지만 제 친구를 때렸다고 해서 때린 것 같기도 합니다. 요즘 처음 꾸는 꿈들을 많이 꾸는 것 같네요. 꿈을 꾸고는 꿈속에서도 그렇고, 일어나서도 좀 후련한 느낌이었습니다.

답변 2

꿈속에서 누군가를 때리는 꿈은 좋은 꿈입니다. 자기 무의식의 불만을 표출하는 꿈이죠. 그런데 문제는 이 꿈속에선 여자아이가 나온다는 것이죠. 앞의 출산 꿈에서 서두에 잠시 설명 드렸지만, 어린아이가 꿈속에 나오는 건 별로 안 좋은 꿈입니다.

자, 질문을 할게요. 여자아이의 연령대가 어느 정도였습니까? 그에 따라 좀 달라집니다. 어릴수록 별로 안 좋아요. 초등학교 저학년까지도 별로 안 좋아요. 그런 아이가 꿈속에 나왔다는 것은 님에게 어떤 근심거리가 생긴다는 걸 암시하죠. 아니면 현재 있는 걱정거리를 상징하기도 합니다. 그렇지만 꿈속에서 그 여자아이를 마구 때렸다는 건 그 걱정을 해소하려는 님의 노력을 무의식이 보여주는 겁니다. 또한 때리는 꿈을 꾸고 나니 후련했다는 건 좋은 겁니다. 무의식적 불만을 심리적으로 많이 해소했다는 걸 보여주는 거죠. 이 꿈은 어쨌든 그 걱정거리를 마구 때렸으니 일정 부분 상쇄한 것이므로 그리 나쁜 꿈은 아닙니다.

제가 볼 때 님이 오늘 올려주신 두 꿈을 보니 님에게 요즘 상당한 걱정거리가 있나 봐요. 뭔가 마음에 걸리는 일이 님 앞에 놓여 있나 봅니다. 그 근심이 이 두 꿈과 다 연관이 있는 것 같군요.

님의 현재 심리상태는 이 두 꿈이 보여주는 것처럼 근심에 짓눌린 상태에요. 그걸 이 꿈이 보여줬다고 여겨지는군요. 그리고 님의 무의식은 그 걱정을 어떻게든 해소하려는 노력을 하고 있다는 것이죠. 그러니 과히 나쁜 꿈은 아니니 별 걱정은 하지 마시고, 지금 님의 앞에 놓여 있는 그 걱정거리 때문에 생겨난 꿈이라고 아시면 됩니다.

xx*** : 고등학생인가 성인 같기도 했습니다. 요즘 걱정거리보다는 헤어진 남친을 기다리는 중입니다. 출산 꿈에서 애기가 못생기게 느껴진 건 정확하지는 않습니다.

답변 : 성인이었다면 괜찮네요. 마구 때렸다면 불만족을 해소하는 거죠. 어린아이를 때린 게 아니라면 다행입니다. 왜냐하면 어린아이가 꿈에 나오면 근심이 깃든 꿈이기 때문이죠. 어른을 마구 때렸다면 어떤 일이 해결될 조짐이 생기게 되는 거죠. 나쁜 꿈은 아닙니다.

　헤어진 남자친구에 대한 꿈인지는 정확히 모르겠지만, 좀 더 다른 꿈들을 더 지켜봐야겠죠. 그렇지만 때린 꿈이나 출산 꿈은 나쁜 꿈은 아니고, 님의 무의식의 심리를 나타내는 것이죠. 둘 다 굳이 나누자면 좋은 꿈에 속합니다. 출산하는 꿈은 뭔가 결과물을 얻는 걸 나타내고, 때리는 것도 뭔가 해소하는 것의 상징이니 두 꿈 모두 공통점이 있네요. 뭔가 곧 해결점이 찾아지겠네요. 그 대상이 아직 뭔지는 모르겠지만요.

xx*** : 막 피멍 들 정도로 때린 것 같아요. 감사합니다. 이런 꿈을 처음 꿔서요. 물어볼 곳이 없어서 답답했는데……. 다음에 또 꿈꾸면 여쭤볼게요.

4

머리를 자르는 꿈

　'책읽는귀족'의 홈페이지이기도 한 네이버 카페를 방문하는 통계를 보면 꿈에 관련한 검색어로 들어오는 사람들이 많다. '꿈은 말한다' 게시판을 연 이후부터 하루에 수많은 사람들이 매일 방문한다. 주로 검색하는 상위권의 키워드와 순위 검색어 유입률을 보면 '머리를 자르는 꿈(12.54%)', '토하는 꿈(8.71%)', '건물이 무너지는 꿈(6.36%)', '청소하는 꿈(3.14%)' 등이다. 이 검색어 유입률은 순위가 거의 매일 비슷하다. 이 자료를 보면 사람들이 어떤 꿈들을 많이 꾸고, 궁금해 하는지 대략적으로 알 수 있다.

　카페로 유입되는 경로 중 검색어의 일 순위는 주로 '머리를 자르는 꿈'인데, 한때는 '건물이 무너지는 꿈'이 일순위인 때도 있긴 했다. '머리를 자르는 꿈'의 순위는 가끔씩 바뀌지만 상위권에선 벗어나지 않았다. 그래서 이번에는 '머리를 자르는 꿈'에 대한 의미를 이야기해 보겠다.

꿈속에서 머리를 자르는 꿈은 '신분의 변화'를 의미한다. 긴 머리를 짧게 자른다거나, 혹은 어쨌든 꿈속에서 자신의 머리를 자르는 꿈은 뭔가 현실 속에서 지위나 신분의 변화를 암시한다고 볼 수 있다.

머리를 자르는 꿈을 꿀 때 보통 거울을 바라보는 꿈을 함께 꾼다. 자기 머리를 자른 상태를 볼 수 있는 건 거울을 통해서이니까 말이다. 보통 이런 꿈들은 꿈속에서 거울을 보는데 자기 머리가 평소와 달리 아주 다른 모양을 하고 있다거나, 긴 머리가 짧게 잘린 모양이라든가 하는 모습을 꾸는 형태로 나타난다.

이런 꿈을 꿀 경우 앞으로 현실 속에서 자기의 직업을 바꾸거나 혹은 직장을 옮기거나 신분의 변화가 일어나는 일이 생길 수 있다. 아니면 뭔가 새로운 일을 시작하거나, 같은 일을 하더라도 하나의 프로젝트를 끝내고 다시 새로운 프로젝트를 시행한다거나 하는 상황을 맞이할 수 있다는 암시를 보여주는 꿈이다.

무조건 흉몽이거나 길몽인 꿈의 소재는 거의 없다

물론 항상 강조하는 것이지만, 꿈의 해석은 그때그때 다르다. 똑같이 꿈의 소재가 머리를 자르는 꿈이라고 하더라도, 전체적인 꿈속 상황 스토리를 모두 들어봐야 정확한 해석이 나올 수 있다. 그래도 하나의 가이드를 제시하자면, 꿈에선 역시 자신의 '의지'대로 진행이 되어야 나쁘지 않은 꿈이다.

예를 들어, 평소에 긴 머리를 무척 아끼는 사람이 꿈속에서 머리를 짧게 자르고 기분이 몹시 서운했다면 이 꿈은 좋지 않다. 왜냐하면 꿈속에서 자신의 의지와 반대로 일이 진행되면 현실에서 좋지 않은 일이 일어나기 때문이다. 자기 의지대로 할 수 없다는 건 '불쾌'한 일이다. 따라서 현실에서 꿈속 감정 그대로 불쾌한 일을 겪을 수가 있다.

또 반대의 예를 들어보자. 평소 짧은 머리 스타일을 좋아하는 사람이 꿈속에서 자신의 머리를 짧게 자르고 거울을 보면서 기분이 좋았다면 어떤 꿈일까? 빙고! 생각한 그대로이다. 좋은 꿈이다. 뭔가 새로운 신분의 변화나 어떤 일의 시작을 의미하는 상징이 될 수 있는 꿈이다.

머리를 자르는 꿈 역시 이처럼 일 대 일 소재 대응식 해석은 맞지 않고 그 꿈속 상황에 맞는 해석을 해야 한다. 그래서 '머리를 자르는 꿈'은 무조건 좋다, 혹은 무조건 나쁘다고 단정 지을 수는 없다.

그렇다면 이런 꿈은 어떨까? 꿈속에서 자기 머리를 미용실에서 아주 예쁘게, 혹은 특별한 스타일로 바꾸었다면? 그 꿈의 해석은 어떤 식으로 해볼 수 있을까. 꿈속에서 그 머리 모양을 보고 기분이 좋았다면 좋은 꿈이다. 역시 신분의 변화나 뭔가 새로운 일이 시작될 암시이다.

그럼 이젠 꿈속에서 나타나는 머리카락의 색깔에 따라 그 의미가 달라지는지 알아보자. 자신의 머리카락이 백발이 되어버린 꿈을 꾼다면? 일반적으로는 꿈속에서 백발이 되면 자신의 권력이나 영향력이 감소된다는 걸 나타낸다. 그리고 근심이나 걱정이 생길 수도 있다.

하지만! 여기서 역시 꼭 기억해야 할 것은 꿈속에서 백발은 백발인데, 아주 찬란하게 하얀 색의 머리카락이라 뭔가 빛이 나고 근엄하고 아우라가 느껴졌다고 해도 같은 식의 꿈해몽이 될까? 이때에는 앞에서 이미 설명한 '꿈속 기분은 현실의 기분과 같다'는 꿈의 법칙대로 좋은 꿈이다. 따라서 같은 백발 꿈이라고 해서 항상 흉몽이거나 길몽이진 않다는 것이다.

아주 강렬한 상징적 소재 이외에는 무조건 그 물건이나 상황이 나타나면 길몽이 되거나 악몽이 되는 해석은 틀릴 확률이 높다. 꿈속에서 어떤 사물이 나오고, 어떤 사건이 일어나는 지를 꿈해몽의 잣대로 삼는 것보다 꿈속 '기분'이나 '의지'를 척도로 봐야 한다. 그래야 꿈의 실체에 좀 더 가까이 다가갈 수 있다.

그렇다면 다음의 실제 사례를 통해 머리를 자르는 꿈이 또 어떻게 표현되는지 살펴보면서 마무리하겠다.

실제 사례 *fj****님의 꿈 (2014. 5. 16.)

어제 꾼 꿈이에요. 미용실에서 또 머리를 하는 꿈을 꿨어요.

단발머리로 자르고 파마를 하는 꿈이었는데 처음에는 그냥 긴 머리를 할까 하다 자르고 파마를 했어요.

머리하는 내내 기분도 좋고 만족했어요.

꿈속에서 머리를 자르는 꿈은 신분의 변화가 있음을 나타낼 때가 많습니다. 긴 머리를 싹둑 자른다거나 하는 꿈 말이죠. 꿈에서 머리를 잘라내는 건 자기편을 잃는 걸 상징할 때도 있습니다.

그러나 님의 꿈에서처럼 머리를 잘라내는 것이 포인트가 아니라 파마를 하거나 단장을 하며 머리 모양을 바꾸는 꿈은 신분이나 신상의 좋은 변화가 있다는 걸 나타냅니다. 물론 꿈속에서 머리 모양을 바꾸면서 기분이 좋았다면 말이죠.

5

웨딩드레스를 입는 꿈

아직 결혼을 하지 않은 여성이거나 결혼 적령기에 있거나 이미 지난 여성들이 자주 꾸는 꿈이 있다. 바로 웨딩드레스 꿈이다. 꿈속에서 웨딩드레스를 입고 누군가와 결혼식을 올리는 꿈을 꾸는 경우가 많이 있다. 그동안 '꿈은 말한다' 게시판에 올라오는 꿈들을 살펴보면 웨딩드레스를 입는 꿈에 대한 이야기는 보통 결혼하지 않은 여성들의 꿈이었다.

꿈속에서 웨딩드레스를 잘 차려 입고 연예인과 결혼을 하는 꿈을 꾸는 사람도 있다. 또는 현재 사귀고 있는 남자친구가 신랑으로 나올 수도 있다. 아니면 헤어진 남자친구가 꿈속 결혼식장에 나타나는 꿈도 잘 꾼다. 이별을 한 지 얼마 안 되는 사람이 이런 꿈을 꾼다면 헤어진 상대방에 대한 미련이 많이 남아서이다. 꿈이 이별에 대한 트라우마를 결혼식 같은 소재로 치유하고 있는 셈이다.

그러나 간혹 꿈속에서 웨딩드레스에 피가 묻는다거나 좀 더 강렬한 상징 코드가 나타나는 꿈이 있다. 그런 꿈은 좀 더 면밀한 해석이 필요하다. 꿈속에서 상징이 많이 나오거나 사건 같은 것들이 많이 왜곡되어 있다면 치유해야 할 트라우마가 깊다는 것이다. 이런 때일수록 더 주의 깊게 꿈의 목소리에 귀를 기울여야 한다.

그렇다면 웨딩드레스의 꿈이 실제로 어떻게 표현되고 무엇을 의미하고 있는지 소개할까 한다.

실제 사례 웨딩드레스 꿈 : al***님의 꿈(2014. 5. 18.)

안녕하세요.

어제 꾼 꿈이 요즘 상황과 연관이 있는지 궁금해서 글 올려요.

42세의 미혼 여성이고, 지난 2년간 사귄 남자친구와 지난 2월에서 5월 사이에 헤어지게 되었어요.

헤어지게 된 건 제가 많이 좋아했지만 2월에 제가 먼저 헤어지자고 해서입니다.

남친이 저에게 한결같이 대해줬지만 뭐랄까 자신을 다 보이지 않고 약간의 거리가 있었으며 프러포즈를 하지 않아서였습니다. 물론 저도 표현을 잘 안 하는 스타일이어서 다가오기 어려웠는지는 모르지만……

작년 말 제가 그런 불만을 표시하고서는 남친이 더 잘해보자고 더 노력할 때였는데 저는 이미 지친 상태라 바로 포기하게 되었어요. 그런데 막상 헤어지니 아닌 것 같아 바로 돌아가려 했어요. 하지만 남친은 이미 상처를 받아서인지 서로 생각할 시간을 갖자고 했죠. 두 달간 연락이 없어 기대를 버린 상태에서 마지막이란 심정으로 저는 문자를 보냈고, 의외로 답이 와서 지난 ○월 ○일에 만났습니다.

뭔가 잘될 것도 같았지만 항상 그렇듯 신중하고 소극적인 남친에 비해 뭐든 빨리 단정을 짓고 확정지어야 직성이 풀리는 저는 저 혼자 마무리를 짓고 헤어졌습니다. 그러고 나서 다시 후회가 들어 이튿날 문자를 보내고 전화를 했지만, 답이 없어 이젠 정말 끝난 것으로 생각하고 있습니다.

저는 이 사람이 좋았지만 조건은 보통이었습니다. 제가 전에 만나던 남친에 비해서 학벌이나 직업, 경제력 등……. 그러나 워낙 좋은 것을 사주고 차로 다니고 선물도 좋은 것을 해주고 해서 서로 별로 그런 문제는 없었어요. 하지만 나중에 자신의 집을 공개하고 또 이야기하는 걸로 봐서는 경제적으로 별로이고 집안도(두 형이 모두 이혼해서 신중할 수밖에 없었다고 털어놓음) 별로인 것 같아요.(마지막에 봤을 때도 제가 10년 전이었으면 자기를 만났을까 하는 이야기를 웃으며 하더군요. 아마 소개팅에 안 나왔을 것 같다고…….)

그래도 저는 상관없이 결혼하고 싶은 맘이었지만 표현은 잘 못했고 주변 사람들은 안 되길 정말 잘됐다는 분위기입니다.

어제 꾼 꿈은 제가 웨딩 샵에서 드레스를 몇 벌 입어보는 꿈이었는데 별로 맘에 안 들었어요. 드레스도 그렇고 입은 제 모습도 생각보다는 별로였던 느낌……. 제가 평소에 그리던 드레스보단 디자인도 컬리티도 못한 느낌이고 제 모습도 그냥 그랬어요. 머리에 여러 장식을 바꿔서 해주는데 더 별로인 느낌이었어요. 엄마가 같이 골라주고 계셨던 것 같기도 하고…….

그런데 커튼 밖에 바로 그 남친이 기대하고 기다리고 있어서 이 커튼이 열리면 실망할 텐데 하는 그런 약간 불안한 느낌이었어요. 여기가 명품 샵이 아니어서 그렇단 생각이 들면서 언니가 결혼할 때 갔던 다른 좋은데 가봐야지 속으로 그런 생각한 것 같아요. 겉으론 제 조건이 남친보다 좋지만, 사실 저희 집도 보기만큼 좋은 것은 아니어서 제 그런 맘이 표출된 걸까요?

지난주부턴 맘을 비우고 저도 평정심을 찾아가기 시작하자마자 때마침 누가 소개팅을 해주겠다느니, 몇 달 전에 갔던 결혼식에서 누가 맘에 든다고 했다느니 하는 소식이 들려요. 새로운 만남이 오려나 싶기도 한데, 그러나 아직도 여전히 그 사람이 돌아오면 좋겠단 생각이 더 커요.

무슨 꿈일까요?

답변

꿈 이야기 잘 올려주셨네요. 제가 '꿈은 말한다' 게시판에 공지한 매뉴얼대로 님의 상황까지 잘 설명해주시고 꿈 이야기를 해주셔서 백 점짜리 꿈 이야기네요. 정말 완벽하게 꿈 이야기를 잘해주셔서 님의 꿈에 접근하기가 훨씬 쉬워서 좋았어요.

자, 님의 꿈을 볼게요. 웨딩드레스를 입어보는 꿈은 결혼 적령기에 든 여성분들이 자주 꾸는 꿈 중 하나라고 보여요. 웨딩드레스는 결혼을 앞에 둔 여성분들의 꿈 소재로 흔히 나오죠.

그런데 님은 꿈속에서 웨딩드레스가 마음에 들지 않았다……. 일단 결론부터 말하자면 이 꿈은 일단 예지몽은 아니고, 님의 무의식을 나타내주는 꿈인 것 같네요. 님이 그리던 웨딩드레스가 아니다……, 이건 남친에 대한 님의 무의식을 나타내주는 것이기도 해요.

그리고 엄마가 같이 골라주었다……, 이건 님의 결혼에 대해 어머니가 평소 관여를 하시고 있는 것일 수도 있어요. 혹은 다르게 보자면 이 꿈속에서 엄마가 실제 엄마가 아니라 님의 또 다른 자아일 수 있다는 것이죠. 누군가 다른 사람의 의견이 있었으면 하는 님의 심리일 수도 있어요.

그러니까 이 꿈에서 남친에게 마음에 들지 않는 드레스를 보여주면 실망할 텐데……, 라는 생각을 보여준 건 님이 현실에서도 남친에 대한 불안한 심리가 있다는 걸 알려주는 겁니다.

그런데 상황을 들어보니 님의 남친은 현실 속에서도 좀 우유부단하고, 또 10년 전이면 나에게 오지 않았을 텐데……, 라고 말하는 걸 보면 뭐랄까…… 자신감이 없어 보이네요. 이런 상황이라면 결혼을 한다고 해도 님은 퍽이나 피곤한 결혼생활을 할 수 있으니 집착을 크게 안 했으면 하네요. 소심한 남자와 사는 결혼생활은 심리적으로 많이 피곤할 수 있어요.

님의 진짜 인연은 따로 있을 수도 있으니 좀 길게 보고 생각해 보도록 하세요. 오히려 님이 '헤어지자, 다시 만나자……' 이렇게 번복을 하는 게 남친에게 더 안 좋게 보일 수도 있죠. 남친은 님의 변덕 때문에 결국 지쳐갔고, 이렇게 변덕스럽고 감정의 기복이 심한 여자와 어떻게 결혼생활을 할 수 있나…… 하는 불안감을 느꼈을 수도 있어요.

그러니 남친과 잘되기 위해서라도 님이 멀리 좀 보고 마음을 비우는 편이 좋을 듯하네요. 꿈속에서도 마음에 드는 웨딩드레스가 없었던 걸 보니 님도 남친이 그리 썩 마음에 드는 건 아니라는 게 무의식 속에 표현되고 있네요. 이런 상태의 심리에서 결혼하면 좋은 결과가 나올 수 없어요.

정말 사랑해서 결혼하더라도 결혼생활은 기대와 다른 경우가 많은 법이죠. 그러니 남친도 확신이 없는 상태이고, 님도 남친이 완전히 마음에 안 드는데 나이에 쫓겨 결혼하려는 심리가 보여요. 그러므로 이 결혼에 큰 집착이나 의존은 안 하는 게 좋을 듯해요.

님의 꿈을 통해 본 님의 무의식은 남친을 백 퍼센트 마음에 들어 하는 것 같진 않아요. 남친도 아마 그걸 은연중 느끼지 않았을까요? 그러니 남친도 원래 소심하고 자신감이 없는 성격에다가 그런 느낌까지 받았으니 더욱 이 결혼에 확신을 못하고 있는 건 아닌가 하는 생각이 드네요. 나이와 주변 상황에 너무 쫓기지 말고 님의 진짜 속마음을 좀 들여다보는 시간을 가지는 게 우선 필요하다고 보여져요. 그래야 남친과의 관계도 분명해질 수 있을 겁니다.

al*** : 와, 진심이 가득한 답변 감사드립니다! 저는 남친을 정말 내가 찾던 남편감에 가깝다고 느끼면서 좋아했는데(지금까지 만난 남자 중에 거의 최고로 맘에 들었음) 무의식에는 그의 평범한 조건이 맘에 걸렸던 걸까요? 잘 모르겠어요. 아무튼 저에 대해 스스로 생각해 보는 시간이 필요한 것 같아요. 감사합니다.

6

하얀 색 옷 꿈

우리 민족은 '백의민족'이라고 하며 예로부터 흰옷을 자주 입었다. 하지만 역설적으로 꿈속에서 하얀 옷을 입고 나오는 걸 극도로 두려워한다. 왜냐하면 하얀 옷은 '소복'이 연상되면서 어쩐지 불길한 느낌을 들게 하기 때문이다.

그리고 예전부터 꿈속에 누군가 하얀 옷을 입고 나오면 곧 '그 사람이 죽었다더라……', 하는 소식을 듣게 된다는 이야기도 자주 흘러나오곤 했다. 이건 아마도 우리나라 사람들이 장례식 때 소복을 상복으로 입었던 관계로 꿈속 무의식 속에서도 '죽음'의 상징으로 작용을 했나 보다.

그런데 꿈속에서 하얀 옷이 나온다고 무조건 불길한 꿈은 아니다. 아주 환하게 밝은 하얀 옷이 나온다면 그 사람의 신분이 고귀하게 된다는 해몽도 가능하다. 역시 꿈 해석은 그때그때 꿈속 분위기와 기분의 방향성에 좌우된다. 꿈속 소재와 일 대 일

대응방식의 꿈 해석은 이런 의미에서도 자제하는 것이 좋다. 아니면 잘못된 해몽으로 쓸데없이 기분을 망칠 수가 있기 때문이다. 그래서 이와 관련이 있는 실제 꿈의 사례를 한번 예로 들어볼까 한다.

실제 사례 사＊＊＊님의 꿈

[1] 2014. 5. 31.

잘 지내셨나요?

다시 또 꿈을 올리게 되네요. 얼마 전에 헤어진 '여자친구 결혼합니다' 카카오 스토리 꿈을 똑같이 다음날 한 번 더 꾸었네요.

그러다 꿈을 안 꾸다가 2일 전인가 꿈을 꿨는데, 헤어진 여자친구가 하얀 원피스를 입고 밝게 웃고 있는 사진을 찍어서(그 모습을 지켜봤던 것 같기도 하고 아닌 것 같기도 하네요.) 저한테 보냈더군요. 그걸 보면서 "예쁘네……" 하다가 조금 아쉬워 하다가 꿈에서 깼네요. 검색해 보니 하얀 옷을 입으면 수준이 올라간다는 말도 있고, 안 좋은 꿈이라는 이야기도 있고 걱정이 앞서네요. 제 평생 꿈을 꾼 것보다 그녀와 만난 동안 꿈을 기억하는 게 더 많네요.

답변

흰옷이 꿈속에서 가지는 의미는 역시나 그때그때 다릅니다.

꿈속에시의 분위기가 꿈의 해석에 큰 도움이 되겠죠. 하얀 색 옷은 소복 모양으로 꿈속에 나오면 역시 안 좋겠죠. 죽음을 상징하니까요.

그러나 하얀 색 옷이 꿈속에서 환하게 빛나는 느낌으로 나왔다면 좋은 꿈입니다. 꿈속에서 느낌도 중요하죠. 하얀 색 옷을 입은 사람을 보거나 자기가 입었는데 느낌이 '싸-' 하거나 섬뜩한 기분이 들었다면 조심해야 할 꿈입니다.

그러나 꿈속에서 상대방이나 자신이 하얀 색 옷을 입었는데 뭔가 환하고 밝은 분위기였다면 신분 상승, 뭐 어쨌든 좋은 일이 생기는 겁니다. 귀하게 된다든지 등등의 맥락과 같이 하죠.

님의 꿈에서 헤어진 여자친구가 어떤 느낌으로 하얀 색 옷을 입고 나왔는지 정확히는 모르겠지만, 위의 사항을 가이드 삼아 한번 해석해 보시길 바랍니다.

그리고 이건 또 다른 관점에서 말씀드리는 것인데, 그 여자친구가 하얀 색 옷을 입고 나온 건 다르게 해석될 수도 있습니다. 어쩌면 님의 무의식 속에서 그 여자 분에 대한 로망, 또는 사랑 등이 순결함을 상징하는 하얀 색 옷을 입고 나오는 걸로 나타날 수도 있습니다. 실제로 그 여자 분이 순결한지, 어떤지에 따른 이미지가 아니라, 그저 오매불망 그리워하는 여자에 대한 환상, 내지는 애착 등의 이미지로 좀 과대포장이 된 순결, 청정의 이미지로 하얀 색 옷이 나올 수 있죠.

이제는 더욱 더 결혼소식을 들었으니 가까이 하기엔 너무 먼 존재가 되었죠. 그러니 님의 무의식 속에서 더 승격화 되었을 수도 있을 거예요. 뭐 크게 걱정하실 꿈은 아니니 신경 쓰지 마세요. 무의식의 표출일 뿐입니다.

또한 한 가지 위로랄까, 위안이랄까, 첨언을 드릴까 합니다. 지금은 몹시 힘들고 아프시겠지만, 시간이 지나면 사람의 인생이라는 게 어떻게 될 지 아무도 모른다는 겁니다. 물론 결혼하신 이전의 여자친구가 잘 살 수도 있겠지만, 사람은 누구에게나 고달픈 인생이 기다리거든요. 그러니 그 분과 결혼을 못했다고 너무 억울해하지 마세요. 아니 안타까워하지 마세요.

그 여자 분도 살다가 이혼을 할 수도 있는 것이고, 남편이 어떤 사람일지 아무도 모르는 것이죠. 요즘 이혼율도 높으니 그 여자 분이 꼭 잘 살 거란 보장은 없는 거죠. 그리고 제가 살아보니까 제 주변을 보니 마음이 곱지 않고 인성이 좋지 않은 사람의 인생은 그리 평탄치가 못하더군요. 그래서 세상은 어쩌면 살만한 곳일 수도 있어요. 님을 배신하고 간 그 여자 분이 꼭 잘 살란법은 없습니다.

김만중이 쓴 『구운몽』의 줄거리도 그렇죠. 결국 너무 사랑해서 결혼해 봐도 인생살이란 게 뻔하고 허무할 수도 있는 거죠. 님을 배신한 그 여자 분의 결혼이 지금은 정말 뼈를 아릴 만큼 아픈 사건으로 다가오겠죠. 하지만 나중에 한참 지나 보면 십년, 이십 년 지나면 그 여자 분과 결혼해서 인생을 망칠 수도 있는 위기를 잘 벗어난 것일 수도 있는 일이죠. 지금은 이런 이야기가 단지 위안으로만 들릴 수 있지만, 멀리 보면 진실입니다.

인생이란 참 알 수 없는 것이죠. 정말 사랑해서 결혼한 여자가 자기 인생을 망칠 수도 있는 법이죠. 그렇게 미치도록 사랑했던 여자의 인성이 실제로 자기가 생각하던 그렇게 괜찮은 여자가 아니라는 데 함정이 있는 거죠. 지금은 아프지만 아마 님의 인생에 도움이 되는 사건일 수 있습니다. 전에도 말씀드렸지만, 하나를 보면 열을 알 수 있는 법이죠.

사귀던 여친이 양다리라서 헤어졌다고 하셨죠? 양다리를 걸치는 비양심적이고 인성이 나쁜 사람은 결국 자기 자신의 인생뿐 아니라 가장 가까운 사람의 인생도 망칠 수가 있는 겁니다. 흔히 인성이 나쁜 사람들은 자기 인생뿐 아니라 주변까지 망가뜨리는 성향이 있습니다.

이기적인 인간성을 가진 사람들은 눈앞의 이익만을 저울로 달아 의리를 팽개치고 결국은 그 부메랑을 자신이 맞곤 하죠. 이기적인 판단은 최종적으로 자기에게 돌아옵니다. 자기 인생을 망치게 하죠.

그래서 세상은 의외로 공정할 수 있다는 것이죠. 나중에 생각해 보면 지금 밤을 하얗게 지새울 만큼의 슬픔이 사실 따지고 보면 결국 아무것도 아닐 거라는 걸 깨닫게 될 겁니다. '새옹지마(塞翁之馬)'라고, 오히려 님의 인생을 수렁에서 건져준 사건일 수 있다는 것입니다. 인생은 이렇게 알 수 없는 부분이 존재하니까 어쩌면 살만한지도 모르죠.

사* :** 답글 감사합니다. 그래도 걱정은 되네요. 나쁜 사람인 건 알지만 마음이 그래요.

답변 : 소복을 입은 것처럼 그런 섬뜩한 느낌은 아니었죠? 그렇지만 않으면 그리 걱정할 일은 아닌 것 같아요.

사* :** 바다 배경에 밝은 느낌이었던 것 같아요. 카톡 자주 바뀌던 사람이 2주일이나 안 바뀌니 잡생각이······.

답변 : 밝은 느낌이면 괜찮네요. 결혼준비 하느라 바쁘겠죠. 님도 어서 좋은 사람 만나세요. 사람은 사람으로 잊을 수 있다······. 이런 말이 있잖아요. 제 주변의 사례를 봐도 그렇더군요. 다시 다른 사람을 사귀지 않으면 잊을 수가 없거든요. 하여튼 나쁜 꿈은 아닌 것 같으니 너무 염려 마세요.

사* :** 결혼합니다, 라고 꿨던 꿈이 결혼하는 건가요?

답변 : 님의 무의식 속에서 그녀가 결혼할 거라는 생각을 해서 그런 꿈을 꾸는 것은 실제 현실에서 결혼할 분위기를 감지했기 때문일 가능성이 높죠. 그럼 결혼을 할 가능성이 많은 겁니다. 아마 바쁜 일이 있겠죠.
　　님 혼자서만 신경 쓰는 건 아닐까요? 알고 보면 그녀는 아무 일도 없는데······. 아니면 전화라도 해보시든지요. 정말 걱정이 된다면······. 그러고 나서 님이 괜한 걱정을 한 것이라는 걸 한번 확인해 보시고 마음을 정리하세요. 그 편이 더 도움이 되지 않을까요?

사* :** 자꾸 질문만 드려서 죄송해요. 저도 제가 왜 이런지······. 답변 잘 해 주셔서 감사합니다.

답변 : 인간적으로는 이해가 됩니다. 하지만 지나보면 다 아무것도 아니라는 걸 알게 될 텐데······ 안타까울 뿐이네요. 어차피 지나고 보면 다 알게

되는 것이지만, 인생의 한 과정일 뿐이죠. 그렇게 그리워하고 아파하는 게 인생이겠죠. 실제로 그 여자 분과 살아보면 아무것도 아니라는 걸 알 텐데, 손에 잡히지 않아서 더 그리운 거예요. 어쩔 수 없는 거죠.

더 좋은 여자 분을 만나세요. 물론 이 말이 정말 위안은 안 될 테지만, 사람은 항상 손에 못 넣는 걸 더 갖고 싶어 하는 경향이 있긴 해요. 어쩔 수 없는 거죠.

더 어리고 더 매력적이고, 더 예쁜 여자를 찾아 사귀어서 결혼하세요. 그게 가장 큰 복수이자 위안입니다. 그게 해답이에요. 현명한 해결책입니다. 아! '더 착한 여자'도 추가입니다. 착한 여자가 중요하죠. 예쁘고 착한 여자를 찾으세요. 마음이 고운 여자를 찾아 결혼하세요. 긴 인생에서는 마음씨 착한 여자, 인성이 고운 여자와 함께해야 인생에서 실패하지 않습니다. 부디 더 예쁘고 더 착한! 여자를 찾으세요.

[2] BACK STEP 1 : 2014. 5. 23.

안녕하세요.

얼마 전에 재회 꿈만 계속 꾼 사람입니다. 한동안 꿈을 안 꿨는데 며칠 전에 헤어진 이유를 알게 되었습니다. 양다리였더군요. 저랑 사귈 때 카카오 스토리에 티도 안 내던 그녀가 그 남자 이니셜 하트 이렇게 하는 바람에 양다리였던 걸 알게 됐어요.

그런데 오늘 꿈에 그 남자 하트 〈그 여자 결혼합니다〉라는 카스 알림말을 보고 '결국 결혼을 하는구나⋯⋯' 라는 체념 및 아픔을 느끼다 꿈에서 깨어났어요. 제가 미련 때문에 그녀 생각을 많이 해서 이런 꿈을 꾼 걸까요? 둘이 인연이라서 제가 체념해야 된다는 꿈일까요?

네, 꿈 내용 잘 봤습니다. 님의 이전 여친과 어떤 남자와의 결혼 소식을 꿈속에서 보게 된 것이네요. 이건 예지몽은 아닌 것 같습니다.

결론부터 말하자면, 인연이 아니라는 예지몽은 아니고, 또한 실제 결혼소식을 현실에서 보게 될 지 어떨지 이 꿈이 암시해주는 것도 역시 아니라고 보입니다.

단지 님의 무의식이, 그러니까 현실에서 헤어진 그녀가 양다리였다는 걸 알게 되고서는 그 남자와 결혼을 하지 않을까 하는 불안감과 괴로움이 뒤섞여 그런 내용의 꿈을 꾸게 된 것 같습니다. 예지몽이 아닌 무의식의 반영일 뿐이죠.

또한 그녀와 인연이 아니라고 알려주는 꿈 역시 아니라고 봅니다. 그렇다고 그녀와 인연이라는 이야기는 아닙니다. 단지 그녀와 인연이 아닐 거라고 님 스스로 무의식에서 그렇게 생각하고 싶어하는 심리가 꿈속에 나타난 것뿐입니다.

좀 더 부연 설명하자면 님이 여자친구가 현실에서 양다리 걸친 걸 알게 된 이후로 그 마음의 충격이 너무 컸던 거죠. 그냥 인연이 아니라고 포기해버리고 싶어하는 간절한 몸부림의 하나라고 보이는군요. 그 마음이 무의식 속에 자리를 잡아서 이런 꿈을 꾸게 된 겁니다. 양다리뿐만 아니라 실제로 그냥 그 두 사람이 결혼해버리면 님이 차라리 단념하기가 쉽고 그럼 덜 괴로울 수도 있다는 무의식이 반영된 것이라고 볼 수도 있죠.

꿈의 해석은 여기까지고, 참고로 현실적인 관점에서 좀 더 첨언을 하자면, 양다리 걸치는 사람은 빨리 잊는 게 낫습니다. 애정의 문제 이전에 인간적으로 양다리는 배신의 행위이기 때문에 인간성 자체의 근본적인 성찰이 필요한 문제죠. 그렇게 양다리를 하는 사람은 연인 이전에 친구로도 가까이 둬선 안 될 사람이죠.

그런 배신의 아이콘을 가까이 두면 인생이 고달파집니다. 그러니 지금 당장은 괴롭더라도 오히려 빨리 그녀의 천성을 알게 되어 다행이라고 생각하시고, 깨끗이 접는 게 더 현명할 수 있습니다. 만일 님이 결혼해서 그녀가 배신하는 인성을 지닌 사람이라는 걸 알았다면 더 큰 인생의 해악이 생길 수도 있죠. 그러니 하늘이 도와 일찍 알게 된 걸 다행이라고 생각하세요.

한번 양다리를 걸치고 배신하는 사람은 인성의 바탕에 문제가 있는 것이기도 해요. 그래도 감정에 치우쳐 그런 사람과 함께 인생을 걸어간다면 그 인생은 고난의 연속일 겁니다. 왜냐하면 인성이 올바르지 못한 사람 치고 옆에 있는 사람에게 피해를 안 주는 사람이 거의 없기 때문이죠.

아주 살짝 보이는 심성의 어긋남도 그걸 얕보면 안 됩니다. 그 밑에는 어마어마한 잘못된 본성이 숨어 있을 수도 있어요. 맹자의 사단(四端) 성선설(性善說)을 거꾸로 생각하면 인간의 본성엔 나쁜 단서도 있을 수 있다는 말이죠. 양다리는 인간의 본성이 깨끗한 사람이라면 도저히 할 수 없는 배신이죠. 신의를 망가뜨리는 행위죠. 그 작은 단서에도 그 사람의 심성을 우리는 알 수 있어요. 그러니 애정문제를 떠나 인간 대 인간의 관점에서 한번 바라보세요. 아주 머리가 맑아지는 판단의 순간이 올 수도 있습니다.

댓글

사*** : 정말 답변에 감사드립니다. 꿈이란 걸 모르고 살다가 이렇게까지 힘든 이별은 처음이라 충격이 컸나 봅니다. 머리와 마음이 따로 놀고 미련과 집착에 이렇게 있는 저에게 첨언까지 해주셔서 정말 고맙습니다.

답변 : 네, 뭐든지 처음은 힘든 법이에요. 특히나 이별은 더 그렇죠. 상대가 인성이 안 좋은 사람이라 할지라도 그 사람을 사랑했다면 이별의 그 순간만은 엄청난 트라우마에 휩싸일 겁니다. 그 트라우마 때문에 꿈에 자꾸 나타나는 거죠.

그러나 꿈에 자꾸 나오는 것도 그 트라우마의 해소 과정이니 좀 멀리 떨어져 바라보세요. 첫 이별경험이라 더 힘들 수도 있지만 다 지나고 보면 아무것도 아닐 수 있어요. 앞으로도 살다 보면 더 큰 다양한 형태의 이별도 많을 수도 있고요.

'이 또한 지나가리라……', 이 고대의 문구를 잊지 마세요. 아무리 그 순간에는 힘들지라도 결국 인생이라는 긴 관점에서 보면 뭐든지 다 결국 지나가게 될 겁니다. 그러니 미리 아시고 너무 힘 빼지는 말길 바랍니다. 또 그런 인간성 나쁜 사람보다는 님의 소중한 인생을 먼저 챙기세요. 인생의 끝에서 보면 모두 다 스쳐가는 인연일 뿐입니다.

[3] BACK STEP 2 : 2014. 5. 11.

원래 1년에 꿈을 5번도 안 꾸던 사람인데 그녀와 헤어지고 한 달 반 동안 꾸준히 꾸네요. 매일 꾸는데 제 심리가 안정이 안 되서 그런 거죠?

보통 그냥 데이트하고 모텔 들어가려다 사람들 때문에 못 들어가고 밖에서 이야기하며 '이게 꿈이 아니지……'하며 겉옷을 벗었어요. 그랬더니 추위를 느끼며 '꿈이 아니구나' 좋아하며 행복해 하는 꿈……. 오늘은 잠시 누웠다가 꿨는데 왜 자기를 차단했냐며 제가 자초지정을 설명하며 다시 행복해 하는 꿈들…….

이렇게 꿈을 많이 꿔본 적도 없던 터라 심리적 안정이 안 되고 그녀가 생각나서 꾸는 건가요? 아니면 재회를 할 수도 있다는 내용일까요? 모든 꿈들은 재회하는 꿈이라 개꿈 같아서……. 글을 봐주셔서 감사합니다.

답변 3

안녕하세요, 요즘 꿈을 자주 꾸신다는 것은 『꿈은 말한다』의 저자 테레즈 더켓이 설명한 것처럼 우리가 현실 속에서 이별이나 등등의 문제로 트라우마를 겪으면 심리적으로 해결해야 할 일들을 무의식이 해결해주려는 시도로 자주 꿈을 꾸는 것처럼 느껴지는 것이죠. 물론 평소에도 꿈을 꾸긴 하지만 기억이 잘 나지 않는 건 그만큼 강렬하거나 급히 해결해야 할 문제들이 아니기 때문일 수도 있습니다.

요즘 님이 자주 꿈을 꾼다고 느끼는 건 깨어나서도 꿈이 자주 기억에 남는다는 겁니다. 그만큼 여자친구와 헤어진 사실이 트라우마로 남은 겁니다. 또 꿈 내용이 대부분 재회하는 꿈이라고 해도 그것이 예지몽의 형태로 나타나는 게 아니라면 님의 말대로 그저 무의식이 꿈속에서 심리적 위안을 위해 트라우마를 치유하려는 시도일 수 있습니다. 그러니 꿈을 자주 꾸는 건 님의 무의식이 마음속 상처를 치유하는 과정이니 그저 '그러려니……' 하면 됩니다.

그중에서도 예지몽이 있을 수도 있으니 특히 강렬한 꿈이나 이상한 느낌의 꿈은 그 내용을 소상히 올려주시면 제가 아는 데까지 가이드가 되어드리도록 하겠습니다. 그리고 예지몽인지 아닌지도 한번 유추해보도록 하겠습니다. 그렇지만 다시 말하지만 재회하는 꿈을 꾼다고 해서 그 꿈이 무조건 예지몽은 아닙니다. 그저 소망 충족을 위한 무의식의 치유행위일 뿐입니다.

댓글

사*** : 친절한 답변에 감사드립니다. 대부분 기억을 못하는 것이겠지만 눈 감았다 눈 떠지는 일상이었는데 꿈을 자주 꿔서 이렇게 질문하게 되었습니다. 다시 한번 답변에 감사합니다.

답변 : 네, 앞으로도 꿈에 대해 궁금한 게 있으면 언제라도 올려주세요. 아는 데까지 성실히 답변해드리겠습니다. 감사합니다.

7

유체 이탈 꿈

살아오면서 누구나 한두 번씩 꿈속에서 자고 있는 자신을 바라보는 꿈을 꾼 적이 있을 것이다. 그건 마치 가위에 눌린 듯한 기분과도 유사하다. 자기는 꼼짝도 못하고 있는데 위에서 내려다보고 있는 느낌이다.

간혹 수술실에서 자기를 의사가 수술하고 있는 장면을 보았던 꿈을 꾸었다고 하는 이야기를 어디서 읽은 적이 있다. 그건 일차적인 관계에서 들은 이야기도 아니고, 나의 경험이나 주변의 경험담이 아니기에 크게 무게를 두지 않겠다. 생각나는 내 경험담 중심으로 이야기를 해볼까 한다.

약 10여 년 전쯤 일이다. 어느 날 꿈을 꾸었는데 나는 방안에서 잠을 자고 있고, '나'라고 인식되는 무형의 존재는 에너지처럼 공중에서 떠 있으면서 그 '자고 있는 나'를 바라보고 있었다. 꿈이 아니라 마치 실제로 일어나고 있는 상황처럼 느껴져 참 신기한 경험이었다.

그런데 지나오면서 깨닫게 된 건 잠을 좀 많이 자면 그런 꿈을 꾼다는 것이다. 평소보다 잠을 유난히 길게 오래 자면 그렇게 유체이탈 같은 꿈을 가끔씩 꾸었다. 또 낮잠도 아주 오래 자면 자주 이런 경험을 했다. 내 경험만으로 이야기하는 것이다.

이때 한 가지 추가 조건은 '아주 피곤한 상태'였다는 것. 이 두 가지 요건이 맞으면 간혹 유체 이탈하는 꿈을 꾼 경험이 있다. 정말 현실과 애매모호한 경계를 느끼면서 꿈같기도 하고, 실제 같기도 한 기묘한 상황을 느꼈다. 일단 꿈이라고 생각한다.

가위 눌림 증상이 생기는 이유

'꿈은 말한다' 게시판을 통해 가끔 '가위 눌림 증상'에 대해 질문하는 경우가 있다. 나도 예전에 가위 눌리는 꿈을 가끔 꾼 적이 있어 이 '가위 눌림 증상'이 어떤 것인지 안다. 꿈속에서 몸이 꼼짝도 안 하는 것이다.

정말 현실 같은데 아무리 움직이려고 해도 손가락 하나 까딱할 수 없는 상황이 된다. 유체 이탈 꿈과 단지 가위 눌리는 꿈과 다른 점은 공중에서 나를 바라보는 그런 이원적 상황은 아니라는 것이다. 가위눌림 증상은 끔찍한 꿈일 수 있다. 너무 답답하고 힘든 순간이다.

이렇게 가위에 눌리는 꿈을 왜 꾸는지 궁금해 하는 사람들이 많다. 그긴 방금 말한 대로 '아주 피곤한 상태일 때'와 '스트레스가 극한에 달했을 때'가 겹치면 그렇다. 뭔가 굉장히 불안하거나 걱정거리가 있어도 이런 가위눌림 증상은 나타난다. 혹은 이 여러 가지 조건 중에서 한 가지 경우일 때도 가끔씩 가능하다. 가위에 눌리지 않으려면 정신적으로나 육체적으로 자신을 느슨하게 해줄 필요가 있다.

이럴 때는 잠만 많이 자지 말고, 숲길을 산책하거나 편하게 쉬는 것이 좋다. 휴식을 위해서 잠만 많이 자는 건 때론 더 큰 화를 부를 수도 있다. '가위 눌림'이나 '유체 이탈' 같은 꿈은 썩 좋은 느낌은 아니니까 말이다.

어쨌든 우리의 무의식은 스트레스나 피곤이 한계치를 초과했을 때 경고를 해준다. 또 그걸 풀어주거나 치유해주기 위해서도 노력한다. 그게 꿈이다. 자기 자신이 꾸는 꿈의 내용을 보고 지금 내가 심리적으로나 육체적으로 어떤 상태에 처해 있는지를 체크해보며 살아가는 것도 삶의 지혜이다.

다음에 나오는 실제 사례의 꿈은 깊은 고민의 상황이 어떤 꿈으로 연결되는지 살펴보기에 좋은 자료이다. 이 꿈을 통해 자신이 고민하는 문제도 자기 꿈에서 어떤 식으로 표현되는지 알아보면 좋을 듯하다. 다음 꿈을 그 가이드로 삼아 보자.

실제 사례 *shi****님의 꿈 (2014. 6. 7.)

꿈속에서 방안에 어떤 여자가 잠들어 있었습니다. 그 여자의 영혼이 작은 하얀색 깃털 안에 들어가 있는 것을 제가 알고 있는 상태였습니다. 저는 그 깃털을 잘 간직해야 이 여자가 잠에서 깨어나 살아난다는 것을 알고 있었습니다.

그런데 어느 누군가와 함께 실수로 어쩔 수 없이 그 깃털을 불에 태우고 말았습니다. 저는 이 여자가 죽은 듯 잠들어 있는 걸 보고 '이제 죽었구나……'하고 생각하면서 이 여자의 가족들이 나를 가만두지 않겠구나 하면서 걱정을 하였습니다.

그런데 죽은 듯이 잠들어 있던 이 여자가 아무 일도 없었던 듯 깨어나서(나와 이 여자의 가족 같기도 한데요) 같이 둘러앉아서 식탁에서 밥을 먹고 있었습니다.

그런데 갑자기 이 여자가 입안에 있던 밥과 음식들을 '퍽—'하면서 심하게 토하며 고개를 뒤로 젖히고 죽어버렸습니다. 저는 이제 이 여자의 가족들이 나를 가만두지 않겠구나 하는 걱정도 하고 두려움도 조금 느끼면서 잠에서 깨어났습니다.

답변

유체이탈 꿈이네요. 그런데 님 본인이 유체이탈해서 자신을 바라본 꿈은 아니시죠? 보통 유체이탈 꿈은 꿈꾸는 사람 스스로가 자기 신체로부터 이탈해서 자기 자신을 내려다보거나 하는 꿈을 말하는데요. 이 꿈에서는 님이 다른 여자가 유체이탈 하는 것을 꿈속에서 본 것이네요. 그럼 전혀 다른 관점에서 이야기해야겠군요.

그 여자의 영혼이 들어간 하얀 깃털을 님이 가지고 있다가 태워버리고 말았다……, 태웠다는 것은 종결, 또 그 여자가 죽었다는 것 역시 완성, 종결을 나타냅니다. 꿈속에서는 죽는다는 게 매듭을 뜻하죠. 어떤 일의 매듭을 뜻합니다. '종결', '완성……' 이런 의미를 상징하는 것 같군요. 아마도 이건 님이 새로운 놀이 치료기관을 찾는다는 걸 상징하는 건 아닐까요?(이 분은 당시에 아이가 다닐 새로운 놀이치료 기관을 심각하게 찾고 있는 중이었다) 그러니까 기존의 놀이치료 기관을 종결하는 걸 상징하는 것 같은데요. 이 여자는 그 담당치료사를 상징하는 건 아닐까요?

님은 꿈속에서 이 여자가 죽어버린 걸 그 가족들이 알면 님을 가만두지 않을 거라는 걸 걱정하고 있습니다. 그건 이전의 놀이 치료기관을 그만두는 것에 대해서도 님이 스트레스를 받고 있다는 걸 보여주는 무의식의 표현 같네요. 님이 맺고 끊는 것에 대한 스트레스가 심한 성격을 보여주는 것 같기도 합니다. 하여튼 이 놀이치료기관에 대해 끝내는 것에 대한 심리적 부담감을 나타내주는 것입니다.

그 여자의 가족들이란 건 일종의 현재의 놀이치료 기관에 있는 담당 교사의 가족 격인 심리치료기관이나 원장을 암시적으로 나타낼 수도 있는 거죠. 님은 그만두겠다는 의사표시를 하려는 걸 그쪽에서 어떻게 생각할까 몹시 스트레스를 받고 걱정하고 있었던 것 같아요. 무의식이 그걸 보여주는 것 같네요.

그런데 그 여자가 아무 일 없다는 듯 다시 일어나 밥을 먹고 있었다……, 그건 님이 또다시 예전에 겪었던 스트레스를 받는 상황이 되풀이할 수도 있다는 걸 암시하는 것 같습니다. 그 여자는 골칫덩어리인데 그 여자가 죽음으로써 그 고민이 해결되었어요. 하지만 다시 살아나 아무렇지도 않게 밥을 먹고 있었다……, 그러다가 또 갑자기 먹고 있던 것을 토하면서 쓰러져 죽어버리고 말았다…….

님의 무의식이 계속 님의 트라우마 내지는 스트레스를 치유하고 있군요. 그런 무의식이 결국 그 골칫덩이 여자를 죽게 만드는군요. 님의 무의식 세계는 님이 자유자재로 연출할 수 있으니까요. 자, 이젠 그 여자가 먹던 걸 토하는군요. 토하는 것 역시 꿈속에서는 좋은 상징일 수 있죠. 배설의 하나이니까요. 이 상징은 골칫거리를 해결하는 걸 의미합니다. 드디어 여자는 토하고, 또 다른 의미로 '배설하고' 죽어버렸습니다! 해결이 이젠 완전히 된 것이죠. 이 꿈의 상징들을 풀어보면 이러한 메커니즘을 지니고 있군요.

그렇지만 역시 님은 또 여자가 죽어버린 걸 그 가족들이 알면 어쩌나 걱정하면서 잠에서 깼군요. 님은 여전히 이전의 그 치료기관에 대해 거절해야 하는 상황 때문에 스트레스를 받고 있네요. 님은 평소 단호하게 거절하는 것에 대해 스트레스를 받는 경향이 있는 듯합니다. 그래서 이번에도 놀이치료기관을 옮겨야 한다는 걸 알면서도 이전의 기관에 그 의사를 전달하는 게 무척 힘이 들었던 겁니다. 그 스트레스가 꿈속에서 이렇게 상징적으로 표현된 겁니다.

8

임신하는 꿈

'꿈은 말한다' 게시판에 보면 20대, 30대의 아직 결혼을 하지 않은 여자 분일 경우 의외로 '임신'에 관련한 꿈을 많이 꾼다는 것이다. 처음 임신하는 꿈을 꾼 사람은 당황해서 글을 올린다. 아직 결혼도 안 했는데 왜 이런 꿈을 꾸는지 모르겠다고 하면서 몹시 걱정스러워한다. 그런 글이 올라올 때마다 내가 하는 답변은 많은 다른 여자 분들도 임신에 대한 꿈을 꾼다고 이상할 게 없다고 말한다. 실제로도 그렇다. 그리고 우리 꿈의 소재는 무궁무진하기 때문에 어떤 꿈을 꿨다고 해서 그리 심란하게 생각할 이유도 없다.

오히려 아주 강렬하거나 선명한 꿈을 꿀 때 더 주의를 기울이는 게 필요하다. 트라우마를 심하게 겪고 나면 꿈은 아주 강렬해진다. 그럼 이 '트라우마'라는 게 뭘까. 그리고 트라우마와 꿈과의 관계는 어떤 것일까. 이제까지 트라우마라는 말을 수없이

들어봤겠지만 정확하게 어떤 의미를 지니는지 『꿈은 말한다』의
243쪽과 244쪽에 있는 내용을 인용해 보겠다.

　　트라우마는 심신이나 사회적 관계가 큰 위기에 빠졌을 때 받는
극심한 스트레스이다. 살인 사건을 목격하는 것처럼 외부의 트라
우마이거나, 내가 죽을병에 걸리는 것처럼 내부의 트라우마이거
나 간에 정신적 충격을 겪고 난 뒤에 오는 외상 후 스트레스 증후
군(Post Traumatic Stress Disorder : PTSD)은 심각하다. 꿈속에서
당시의 고통스러운 기억이 후벼 파는 듯이 영화의 플래시백처럼
순간적으로 떠오른다. 이때는 평소에 꾸는 꿈보다 더 자주, 더 격
렬하게 꿈을 꾼다. 악몽 같은 꿈들에서 끔찍한 장면을 보고 불안
(역주 : 병적인 심리학적 불안)을 겪는다. 그 모습은 조금씩 바뀔지
몰라도 충격을 받은 일이 연상되는 장면이 계속 재연된다. 당사
자의 나이, 트라우마의 정도와 지속 기간, 스스로 꿈에 대비를 얼
마나 잘하는지에 따라 트라우마 꿈의 내용, 강도, 빈도가 다르다.
……… 트라우마가 오래 지속되고 너무 강렬하면 꿈을 꾸다가도
멈추게 된다. 다시 꿈을 받아들일 준비가 될 때까지 우리 마음이
회복되는 걸 기다리는 것이다.

　　또 이 트라우마를 해소하기 위해서는 우리는 꿈 말고도 어떤
식으로 현실 속에서 대처를 해야 할까. 『꿈은 말한다』의 245쪽
에 있는 테레즈 더켓의 다음 말이 정말 유용해서 그대로 옮긴다.

융은 분열된 자아를 회복하기 위해서 트라우마 꿈을 꾸는 것이라고 했다. '충격이 완전히 가실 때까지' 조금씩 되풀이해서 보여주기 때문(1986, 47쪽)이다. 나는 트라우마를 겪은 환자를 만나면 꿈 이야기를 하라고 독려한다. 이유는 여러 가지이다.

- 다른 사람에게 꿈을 이야기하면 고통이 줄어든다.
- 이야기하는 중에 당시의 일 중 새롭게 깨닫는 것이 있을 수 있고, 그 덕분에 상상과의 괴리를 좁히게 된다.
- 꿈이 좀 더 안전한 환경에서 만들어진다. 나만 그 일을 품지 않고 '저 밖에' 두고 객관적으로 보면 덜 무섭다.
- 경험을 함께하는 사람이 생기므로 위로를 받는다.
- 상담자로서 나 역시 환자가 치료 과정에서 어디에 와 있는지를 알고 참고할 수 있다. 환자의 악몽에서 나타나는 마음의 변화를 읽고 그 양상과 성질을 파악한다.
- 폭력을 당한 경험에서 나온 트라우마라면, 꿈꾸는 이는 그 사실을 털어놓아 상상에서 힘을 얻은 자기 암시를 통해 가해자의 모습이 떠오를 때 받는 두려움을 극복한다. 꿈에서 가해자가 점점 작아진다고 상상할 수 있다.

이처럼 꿈은 현실 속에서 받았던 상처 입은 자아를 치유해주기 위해 무척 애를 쓰는 것 같다. 아주 큰 트라우마나 또 일상적인 스트레스나 고민거리도 꿈은 무심하게 스쳐가지 않는다. 그리고 치유를 위해 사용하는 소재는 제한이 없다. 꿈속에서는 그 어떤 상황도 연출될 수 있다. 그러니 처녀가 꿈속에서 임신을 한

다고 해서 전혀 이상할 건 없다는 말이다. 그럼 다음의 실제 사
례를 통해서 '임신'의 꿈과 또 다른 한 가지 꿈이 어떤 식으로 표
현되고 그 의미는 무엇인지 살펴보자.

실제 사례 *xx****님의 꿈 (2014. 6. 3.)

두 가지 꿈인데요. 한 가지(이건 며칠 전에 꾼 꿈입니다)는 제가 꿈에
배가 볼록 나왔는데 누군가 저한테 임신했다고 말해주는 꿈입니다.
꿈속에서는 그 얘기를 듣고 좋아하고 안심했어요. 꿈에서 일어나서
는 '이게 뭐지……'라고 생각한 꿈입니다.

두 번째(이건 어제 꿈) 꿈은 헤어진 전 남자친구가 식물인간 상태로
나옵니다. 제가 지극정성으로 돌봐줬어요. 대소변을 다 가려주고 손
이랑 발을 주물러 주고요. 그 남자친구가 저를 쳐다보는 데 왠지 엄
청 고마워하는 눈빛인 것 같았어요.

답변

'임신'에 대한 꿈이네요. 정말 여성분들은 임신에 대한 꿈을
많이 꾸는 것 같군요. 결혼한 여성들이나 결혼을 앞둔 여성들이
모두 임신이나 출산 관련 상징 꿈을 많이 꾸시는군요. 『꿈은 말
한다』에도 이런 임신이나 출산 꿈 사례가 있는데요. 외국이나 한
국이나 여성들이 임신을 꿈의 상징물로 자주 표현하는 건 같은
가 봅니다.

임신이나 출산이 결혼 적령기의 여성들에게 꿈의 흔한 소재로 사용된다는 걸 '꿈은 말한다' 게시판을 통해 새롭게 알게 되네요. 『꿈은 말한다』에도 이 출산 부분이 나오는데, 서양이나 동양이나 여성들이 출산에 대한 꿈을 꾸는 상황이 비슷하네요. 꿈속에서 출산하는 걸 통해 무의식을 표현하는 것이 여성들의 비슷한 양상 같아 보여요.

어쨌든 이 출산에 대한 꿈은 역시 님의 심리적 반영을 나타내고 있습니다. 『꿈은 말한다』의 247쪽과 248쪽에 나온 출산에 대한 꿈의 예를 한 가지 옮겨 볼게요. 이 사례에 대한 해석도 책속에 있는데 그것까지 올리면 너무 길고, 꿈의 사례만 올릴게요. 외국 여성의 경우에는 어떤 방식으로 임신과 출산에 대한 꿈이 표현되는지 살펴보죠.

"꿈에 수지(제일 친한 친구) 엄마랑 케이트가 나왔어요. 제가 살던 집같이 큰 집이 나왔어요. 제가 집에 들어가니까 수지, 수지 동생, 케이트가 있었어요. 케이트는 아기를 낳았다고 했어요. 저는 그 애가 아이를 가졌는지도 몰랐어요. 블루베리로 잼을 만들려는 참인데 잠깐 아이를 봐 주지 않겠냐고 했어요. 갓난아기는 정말 조막만 했어요. 살결은 우유 같고 눈은 파랗게 빛나는 정말 예쁜 아이였지요. 갓난아기였을 때 조에(Zoe : 세이지의 딸) 같았어요. 어찌된 일인지 다음 순간 저만 아기를 데리고 있었어요. 꿈에서는 제가 아이 엄마였던 것 같기도 하고 아니었던 것 같기도해요. 어쨌든 아이를 잘 돌봐주어야겠다고 생각했어요. 아기를 안으려고 했는데 잘못해서 아기 등뼈가 튀어나왔어요. 저는 겁에 질려 넋이 나갔어요. 케이트가 돌아왔을 때 그녀에게 말했어요. 어린것은 죽지는 않았지만 기형이 되고 말았고, 고운 살결도 흉하게 일그러졌다고요. 케이트 네는 저를 쫓아냈어요. 케이트가 제게 원한을 품은 것도 무리가 아니지만 가슴이 너무 아팠어요. 나중에 듣자니 케이트는 괴로워하다가 자살했다고 해요. 마치 제가 죽인 것 같았어요."

완전히 똑같은 상황은 아니지만, 꿈에 출산이나 아기가 소재로 나왔네요. 다시 님의 꿈으로 돌아가서 이야기해 보죠. 꿈속에서 님이 출산을 했는데 사람들이 별로 신경을 쓰지 않았다는 건………, 님이 남자친구와 헤어진 사실에 주변 사람들이 그리 관심을 가지지 않는다는 것 같은데요. 그런 심리적 반영인 것 같아요. 좀 복잡한 꿈이에요.

'임신'의 꿈은 일단 일반적으로 뱃속에 태아가 있는 상황이라 일의 씨앗을 상징하는데요. 그러니까 어떤 일을 '계획'하고 있다는 걸 표현합니다. '뱃속에 뜻을 품었다'고 해석할 수도 있어요. 잠재의식 속에 어떤 일의 시작을 준비하고 있는 걸 보여주는 셈이죠.

그런데 임신에 관련된 꿈도 그때그때 상황에 따라 꿈의 해석이 달라지는데요. 꿈이란 매번 그렇죠. 꿈을 해석할 땐 항상 주의해야 할 것이 그 상징물에 대한 하나의 해석에 집착해선 절대로 꿈의 실체에 접근할 수 없다는 것이죠. 각자 인식 배경이 다르고, 살아온 경험이 다르기 때문에 그 꿈을 꾼 사람의 전체적인 상황에 따라 꿈의 해석은 달라질 수밖에 없는 거죠.

님이 올려주신 임신에 대한 꿈을 보자면, 님이 꿈속에서 임신한 사실을 알고 좋아했다……, 라고 했네요. 그렇다면 이 꿈에선 '임신'이 어떤 일의 계획 등을 암시하는 상징물 같아 보이네요. 뭔가 님이 앞으로 어떤 일에 대해 계획 같은 걸 세울 일이 있나요? 뭔가 추진할 일이 생길 것 같아 보여요.

그리고 두 번째 올려주신 남자친구에 대한 꿈은 님의 무의식적 소망이 표현된 꿈이 아닐까 싶네요. 님의 남친이 꿈속에서 식물인간처럼 나오는 건 님의 무의식적 소망이죠. 이 말은 무의식에서 남친이 진짜 식물인간이 되었으면 좋겠다고 생각하는 건 아니에요. 단지 이 식물인간이 상징하는 것처럼 님이 좌지우지할 수 있고 님이 보호해줄 수 있는 상태로 남자친구가 있어줬으면 하는 무의식적 소망을 나타내는 거죠. 두 번째 꿈은 이 방향성을 가이드로 삼아 해석하면 됩니다. 이 꿈의 끝부분에 남자친구가 굉장히 고마워하는 눈빛으로 님을 바라본 것도 역시 님의 소망 충족이라고 할 수 있다는 말이죠.

댓글

> **xx*** :** 현재 남친이 아니고 헤어진 이전의 남친인데도 저런 꿈을 꿀 수 있나요?

> **답변 :** 당연히 꿀 수 있죠. 꿈속 무의식은 어떤 소망도 실현될 수 있는 공간이거든요.

끝나지 않은 꿈 이야기
—아직은 풀리지 않은 백호 꿈

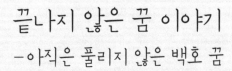

내가 해몽하지 못한 꿈들 중 하나인데 백호 꿈에 대해 말해볼까 한다. 이 책을 읽고 혹시 누군가 해몽에 도움을 줄 수 있을지도……. 내가 20여 년 전에 꾼 꿈인데 낮잠을 자고 있었던 것 같다. 마치 실제인지, 꿈인지 헷갈릴 정도로 정말 생생했다.

꿈에서 깨어났을때도 내가 잠을 잔 것이었는지, 비몽사몽이었는지, 그냥 실제로 일어난 건지 잘 모를만큼 이상한 꿈이었다.

내가 침대에 누워서 벽을 보고 있는데(실제로도 벽을 보며 자고 있었다) 그 벽면에 갑자기 하얀 호랑이 세 마리가 나타나 나란히 옆으로 줄을 지어 무지개처럼 반타원형의 궤도로 날아오르는 것이었다. 아주 천천히 날아오르고 있었다. 지금 생각해 보니 마치

3D 입체영화를 보고 있는 듯한 느낌이었다. 바로 눈앞에서 입체
영화를 보는 느낌…….

　나는 정말 신기한 마음에 그 호랑이들을 보고 있었는데 정말
생생했다. 퍼뜩 깨어났는지 어쨌는지 꿈에서 그 순간 깨어났는
데 정말 실제 같았다. 분명 아주 좋은 꿈같았는데 너무 짧고 순
간적인 꿈이라, 아직 정확한 해몽을 못하고 있다. 그리고 그에
필적할 만한 좋은 일도 아직 일어나지 않고 있다.

　세 마리이니까 설마 30년 후는 아니겠지………. 3년은 벌써
지났으니까………. 백호가 나오는 꿈은 아주 길몽으로 아는데
이 꿈에 상응하는 일은 아직 일어나지 않고 있다. 무슨 꿈일까.

　정말 하얗고 빛이 살짝 나는 호랑이 세 마리였는데………. 약
간 어린 호랑이 같기도 하고 젊은 호랑이 같기도 했다. 지금도
생각나는데 그 하얀 털이 아주 생기가 있었던 것 같다. 윤기가
흐르는 하얀 털이라 그런지 어쩐지 그 호랑이들이 새끼호랑이
내지는 젊은 호랑이처럼 기억된다.

　이 백호 꿈은 내가 살아오면서 꾼 꿈들 중에서 아주 특이한 꿈
들 중 다섯 손가락 안에 드는 꿈이다. 한번 30년째 되는 해를 기
다려 볼까. 백호 꿈이 큰 길몽으로 그 결실이 거둬질 지……….
아니면……… 무슨 꿈일까. 그 당시 주변에 출산을 앞두고 있던
사람도 없었기에 태몽도 아니다. 다른 사람의 태몽을 대신 꿔 준
것도 아니니까, 분명히 나와 관련된 꿈일 텐데 확실한 의미를 모
르겠다.

　아주 온화한 표정으로 세 마리의 백호가 아주 천천히 긴 타

원형으로 날아오르는 이 꿈은 무엇을 말하고 있는 걸까. 이 꿈을 정확하게 해석하려면 아마 좀 더 기다려야 되지 않을까. 꿈해몽에 대한 내 탐색이 조금 더 진행될 때를 기다리든지, 아니면 30년 되는 해까지 기다려 보자. 이 꿈을 꾼 당시가 정확히 기억나지 않으니까 앞으로 얼마를 더 기다려야 하는지 분명한 시기는 잘 모르겠다.

　그러나 분명 무슨 일이 일어나면, 이 백호 꿈이 섬광처럼 스쳐 갈 만큼 확실한 일이 일어나면, '아, 백호 꿈이 이런 뜻이었구나' 하는 걸 무릎을 내리치며 알 것 같다. 그때를 한번 기다려 볼까!

발칙한 꿈해몽

초판 1쇄 인쇄 2014년 12월 10일
초판 1쇄 발행 2014년 12월 20일

지은이 조선우
펴낸이 조선우
펴낸곳 책읽는귀족

등록 2012년 2월 17일 제396-2012-000041호
주소 경기도 고양시 일산동구 백석동 현대밀라트 2차 B동 413호
전화 031-908-6907 | **팩스** 031-908-6908
홈페이지 www.noblewithbooks.com | **E-mail** idea444@naver.com
트위터 http://twtkr.com/NOBLEWITHBOOKS

책임 편집 조선우
표지 디자인 twoes | **본문 디자인** 아베끄

값 12,000원 | **ISBN** 978-89-97863-29-7 (03180)

이 도서의 국립중앙도서관 출판시도서목록(CIP)은 서지정보유통지원시스템 홈페이지
(http://seoji.nl.go.kr)와 국가자료공동목록시스템(http://www.nl.go.kr/kolisnet)에서
이용하실 수 있습니다.(CIP제어번호: CIP2014033193)